novum pro

AF154602

Armin
DUSOLD

WALPURGISNACHT IM KREML

Geschichte und Zeitgeschehen

novum pro

Betrachtung

In der Nacht vom 30. April zum 1. Mai bilden sich wilde Legenden, die grausamste Folgen mit sich brachten. Besessene Frauen feiern angeblich am offenen Feuer eine Orgie mit dem Teufel. In der Zeit der Hexenverfolgung gestanden die Angeklagten unter martialischer Folter den Pakt mit dem Bösen – den Pakt mit dem Teufel. Ein Todesurteil war meist die Folge.

Aber auch in der Zeit zwischen Weihnachten und dem Dreikönigstag, die als Raunächte bezeichnet werden, geschahen merkwürdige Dinge. Sie sind magisch und geheimnisvoll. Nach dem Volksglauben zogen die stürmischen Mächte durch die Nacht und begaben sich auf die wilde Jagd auf Ahnen, Engel, Lichtwesen und Götter, um ihr Schicksal neu zu gestalten ...

„Als sie mit ihrem Besen auf dem Blocksberg (Brocken im Harz) ankam, waren die großen Hexen schon alle versammelt. Sie tanzten mit fliegenden Haaren und flatternden Röcken rund um das Hexenfeuer. Es mochten alles in allem fünf- oder sechshundert Hexen sein. Berghexen, Waldhexen, Sumpfhexen, Windhexen, Knusperhexen und Kräuterhexen. Sie wirbelten wild durcheinander, schwangen die Besen, meckerten, krähten und kreischten, ließen es donnern, schleuderten Blitze und sangen ‚Heia Walpurgisnacht‘, das alte Hexenlied.“ [1]

In unserer heutigen Wahrnehmung sind die Begriffe Hexentanz, Blocksberg und Walpurgisnacht fest miteinander verbunden und gehen offenkundig auf das Kinderbuch zurück. Gegen die

---

1 Otfried Preußler: Die kleine Hexe. Stuttgart 2005,
   ISBN 978-3-522-10580-4.

Vorgaben der Älteren handeln und lustvoll Grenzen einfach ausprobieren – wie weit kann ich gehen?

Wer überhaupt als Hexe angesehen wird, hat sich im Laufe der Jahrhunderte immer wieder verändert – genau wie die Konjektur: Gut und Böse? Die Hexe ist eigentlich in der Vorstellung, zum einen innerhalb des Gelehrtendiskurses, zum anderen auch in der Volksmythologie, eine absolut böse Person. Als Hexenverfolgung bezeichnet man das Aufspüren, Festnehmen, Foltern und insbesondere die Hinrichtung von Personen, von denen geglaubt wird, sie praktizieren Zauberei bzw. stünden mit dem Teufel im Bunde. Als Merkmale für eine Hexe galten nach den Aufzeichnungen bereits eine abweichende Augenfarbe, rote Haare, Sommersprossen, Warzen, Muttermale und ähnliches. Sogar der Besitz einer schwarzen Katze war Grund genug, jemanden als Hexe zu denunzieren. In Mitteleuropa fand die Hexenverfolgung vor allem in der frühen Neuzeit statt.

Die Hexenprozesse sind ein dunkles Kapitel in der europäischen Geschichte. Mystik, Angst und Aberglaube führten zu unzähligen Verfolgungen und Hinrichtungen. Aber was hat eigentlich Maßnahmen wie diese angestoßen, und wie wurden sie durchgeführt? Dieses Buch wirft einen genaueren Blick auf die Hexenprozesse – ihren Ursprung, ihre Durchführung und ihre Langzeitfolgen, besonders aber im 21. Jahrhundert.

Die Hexenverfolgung in Europa begann ab dem 15. Jahrhundert. In der Übergangszeit zwischen dem späten Mittelalter und der frühen Neuzeit. Zunächst waren es die Gelehrten, die überlieferte Schriften über Hexen publizierten. In denen kristallisierte sich immer deutlicher die Meinung heraus, dass es sich um eine Gruppe von Menschen handelte, die sich mit dem Teufel verschworen hatte. Diese verbreitete Annahme fand durch das Basler Konzil zunehmend deutliches Gehör. Das waren insbesondere die Kirchenmänner aus ganz Europa, die sich diese modernen Ansichten anhörten und sie mitnahmen. Ende des 15. Jahrhunderts kam eine weitere scholastische Schrift hinzu.

Im Jahr 1487 veröffentlichte der Dominikaner Heinrich Institoris ein Buch unter dem Titel „Hexenhammer", das bis zum

17. Jahrhundert in 29 Auflagen erschien.[2] Das Buch, ein Kompendium des zu dieser Zeit weitverbreiteten Hexenglaubens, diente als Anleitung für die Verfolgung von Hexen und Zauberern. Sich gegen den Vorwurf der Hexerei zu wehren, war nahezu unmöglich, denn unter der peinlichen Befragung oder der Folter gestand schließlich ausnahmslos jeder Angeklagte. Jeder Einwohner in den Städten und Dörfern dieser Zeit lebte in der Gefahr, wegen Hexerei oder Zauberei verfolgt und angeklagt zu werden. Es genügte in der Regel schon Sommersprossen, eine helle Haut und dunkle Augen, Warzen oder rote Haare zu tragen; schon die Beschuldigung durch den Nachbarn war ausreichend, um als Hexe bezeichnet zu werden.[3] Noch schwerwiegender war aber die unter der Folter erpresste Aussage über Mitwisser, die sogenannte Besagung einer überführten Hexe. Die Lehre über die angeblichen Hexen, den Hexenzauber und die damit verbundene Magie verbreitete sich in Europa rasend schnell und zum Teil darüber hinaus. Mit dem beginnenden Humanismus in der frühen Neuzeit, dem geistigen und kulturellen Aufbruch und der Reformation begann ein Blutvergießen, das bis dahin ein nicht gekanntes Ausmaß angenommen hatte.

---

2 Quelle: https://www.geschichtsquellen.de > Institoris Henricus: Der Hexenhammer. Abgerufen am: 02.11.2023.

3 https://www.uni-bamberg.de > ... > News-Archiv: Von der Faszination des Bösen.

Kapitel 1

Die Hexe – ein Mythos in Europa

Der Hexenglaube war ein vorwiegend im christlichen Europa verbreiteter Aberglaube, dessen Wurzeln im vorchristlichen Götterglauben zu finden sind, und nahm vor allem im 14. Jahrhundert an Bedeutung zu. Im Verlauf des 15. Jahrhunderts entwickelte sich das Gesamtbild der Hexen und Zauberer zum Hexenkult mit Zusammenkünften und Riten, die zur Übernahme der Weltherrschaft führen sollten. Das Hauptelement des Hexenglaubens war der Teufelspakt, der zugleich einen Vertrag mit dem Teufel wie auch eine Abkehr von Gott und der Ketzerei darstellte. Eng damit verbunden war die Teufelsbuhlschaft, der Geschlechtsverkehr zwischen Hexe und Teufel. Als drittes Element gab es den Hexensabbat in Verbindung mit dem Hexenflug, und das vierte Element der Hexenlehre war der Schadenzauber. Die Gründe für eine Beklaffung waren vielfältiger Natur, wie zum Beispiel Ehebruch und Eifersucht, Neid und Missgunst, Habgier, Streitigkeiten und Machtkämpfe, Verschleierung eigener Verfehlungen und andere Motive.

Ablauf der Hexenprozesse

Hexenprozesse sind Gerichtsverfahren, in denen Personen – meistens Frauen – wegen der Ausübung angeblicher Hexerei angeklagt wurden. Diese Prozesse hatten ihren Höhepunkt in Europa vom 15. bis zum 17. Jahrhundert.

Der Ablauf der Hexenprozesse war oft von Anfang bis Ende manipuliert, um „Geständnisse" zu erzwingen und Urteile zu fällen. Normalerweise begann der Hexenprozess mit einer Anschuldigung, von einem Nachbarn oder lokalen Geistlichen.

Beispiel: Irmgard, eine ältere Witwe, die am Rande des Dorfes lebt, könnte von einer Nachbarin beschuldigt werden, eine Hexe zu sein. Möglicherweise hat die Nachbarin behauptet, sie hätte gesehen, wie Irmgard unerklärliche Dinge getan hat, oder sie macht Irmgard für ihre persönlichen Missgeschicke verantwortlich. Nach der Anschuldigung folgten oft eine Inhaftierung und ein Gerichtsverfahren. In einigen Fällen reichte das bloße Gerücht aus, dass jemand eine Hexe war, um arrestiert zu werden. Es gibt aber auch bestimmt andere kulturelle Vorstellungen von Hexen, als Frauen mit besonderem Wissen, die beispielsweise in der mittelalterlichen oder noch älteren Geburtshilfe eine wichtige Rolle gespielt haben, in der Mediakultur, wo eine andere Form von Wissen vorhanden und tradiert war. Diese Verschiebung von einem neutralen Menschen mit einem anderen Wissenssystem, hin zum Spion für das Böse, durchdrang die Gesellschaft bis hinein in die Schlafzimmer ehrbarer Menschen.

Die Triebkräfte hinter der Verfolgung

Verschiedene Ursachen können zu Hexenprozessen führen. Einige der wichtigsten sind religiöser Fanatismus, Aberglaube und soziale oder persönliche Konflikte. In Zeiten, in denen Krankheiten und Naturkatastrophen als Strafe Gottes gesehen wurden, wurden oft Hexen beschuldigt und verfolgt. Religiöse Reformen führten oft zu Hexenprozessen, da neue Führer versuchten, ihre Macht durch die Eliminierung von „Hexen" zu konsolidieren. Personen wurden aus Neid, Angst oder persönlicher Feindschaft der Hexerei beschuldigt. Hinzu kamen als begünstigende Faktoren der Hexenverfolgung Unwissenheit, Aberglaube, Geldgier, Sozialneid, Missernten, Teuerungen und Pest-Epidemien.

Die Methoden, die während der Hexenprozesse verwendet wurden, waren grausam und unmenschlich. Die Hexenprozesse hatten auch weitreichende Auswirkungen auf Gesellschaft und Kultur und führten letztendlich zur Verankerung bestimmter Geschlechterstereotype. Eine interessante Tatsache ist, dass die Hexenprozesse die Entwicklung der modernen Gerichtspraxis beeinflusst haben. Die Bestrebungen, ein gerechtes Gerichtsverfahren für angeklagte Hexen durchzusetzen, führten zur Entwicklung von Regeln für Zeugenaussagen und Beweise.

Lange Zeit stärkten sie vor allem bestimmte Geschlechterrollen und Stereotypen. Typischerweise wurden mehr Frauen als Männer der Hexerei beschuldigt. Das Bild der „bösen Hexe" ist bis heute in vielen Kulturen noch präsent. Stereotypen sind festgelegte Vorstellungen, die eine Gruppe von Menschen über eine andere hat. Diese Vorstellungen basieren oft eher auf Vorurteilen und Klischees als auf tatsächlichen Beobachtungen oder Erfahrungen.

Insgesamt zeigen die Hexenprozesse, was passieren kann, wenn Aberglaube, Angst und Machtdynamik aufeinandertreffen. Sie dienen als warnendes Beispiel dafür, wie wichtig es ist, kritisches Denken und den Respekt gegenüber Grundrechten zu fördern.

Eine Zeitachse der Hexenprozesse

Hexenprozesse haben eine tief verwurzelte und komplexe Geschichte, die Jahrhunderte zurückreicht. Die Verfolgung von sogenannten „Hexen" kannte keine Grenzen und fand auf der ganzen Welt statt. Üblicherweise werden die Hexenprozesse mit dem Mittelalter und der frühen Neuzeit assoziiert. Die Hexenverfolgung nahm während des Mittelalters (500-1500 n. Chr.) ihren Lauf. Es ist jedoch wichtig zu beachten, dass die strenge Verfolgung von Hexerei und die Durchführung von Gerichtsprozessen eher ein Phänomen im späten Mittelalter und der frühen Neuzeit (1500-1650 n. Chr.) war. Mitte des 15. Jahrhunderts markiert die Papstbulle Summis desiderantes affectibus von Papst Innozenz VIII. einen Wendepunkt in der Haltung der Kirche gegenüber der Hexerei. Hierin wurden die Häretiker[4] als Hexen (Vampire) für Unheil verantwortlich gemacht und ihre Verfolgung befürwortet.

Das Martyrium für die Bevölkerung beginnt schon Ende des 15. Jahrhunderts, denn wer in der Nähe eines Kirchenglockenturms wohnte, hatte im Mai sehr unruhige Nächte. Zwischen 21 Uhr abends und 4 Uhr morgens lösten sich die einzelnen Kirchen mit dem Geläut ihrer Glocken ab. Doch die Menschen nahmen

---

4 Wer innerhalb einer Glaubensgemeinschaft einen abweichenden Standpunkt zur Lehre oder herrschenden Meinung vertritt.

es in Kauf, schließlich wurden sie dadurch beschützt. Im Mai, so glaubten die Menschen, sind besonders viele Hexen unterwegs. Nur die geweihten Glocken konnten sie davon abhalten, einem normalen Bürger Leid anzutun. Doch was hieß damals schon normal? Zur Hexe konnte seit dem 15. Jahrhundert jeder gemacht werden, der ungewöhnliche Kenntnisse hatte, einen angeblich ungebührlichen Lebensstil führte oder ganz einfach wohlhabend war. Für Hungersnöte, Wetterkapriolen oder landesweite Epidemien mussten schließlich Schuldige gefunden werden. Und wenn der Hingerichtete auch noch ein Vermögen hinterließ, erschien sein Tod als doppelt segensreich.

Ein gutes Beispiel für ein Massenverfahren ist der Hexensabbat von Waldsee im Jahr 1589 (Deutschland), bei dem innerhalb von vier Monaten 63 Personen der Hexerei angeklagt und verbrannt wurden. In Deutschland fanden einige der intensivsten Hexenprozesse statt. Besonders im 16. und 17. Jahrhundert erlebte das Land eine Welle von Hexenverfolgungen. Eine der berühmtesten Reihen von Hexenprozessen in Deutschland waren die Trierer Hexenprozesse zwischen 1581 und 1593. Es wird geschätzt, dass etwa 400 Menschen angeklagt und hingerichtet wurden.[5]

Ein interessanter Fakt ist, dass die Hexenverfolgungen nicht auf das Land beschränkt waren, sondern auch größere Städte wie Köln, Würzburg und Bamberg betrafen, wo ebenfalls Hexenprozesse stattfanden. Diese waren oft noch rücksichtsloser, weil die städtischen Behörden über größere Ressourcen verfügten. Die Bamberger Hexenprozesse von 1627-1632, die im selbst verwalteten katholischen Fürstentum Bamberg im Heiligen Römischen Reich Deutscher Nation stattfanden, sind einer der größten Massenprozesse und Massenhinrichtungen, die es je in Europa gab – und einer der größten Hexenprozesse der Geschichte.

5 Herbert Eiden (Hrsg.), Rita Voltmer (Hrsg.): Trierer Hexenprozesse. Hannover 2001. ISBN 978-3877601280.

Amerikas berüchtigtster Hexenprozess in Salem

Die Hexenprozesse von Salem (USA) sind wohl die bekanntesten Hexenprozesse der Geschichte. Sie ereigneten sich im Jahr 1692 im Dorf Salem in der britischen Kolonie Massachusetts.[6] Das Ereignis ist berüchtigt für die rasche Ausbreitung von Massenhysterie und Paranoia innerhalb der Gesellschaft. Die Hexenprozesse in Salem begannen, als eine Gruppe von jungen Mädchen im Dorf behauptete, von bestimmten Dorfbewohnern verhext zu sein. Die darauf folgenden Verhaftungen und Anklagen führten zu einer Welle von Anschuldigungen, die schnell außer Kontrolle geriet. Insgesamt wurden während der Hexenprozesse von Salem 200 Menschen der Hexerei angeklagt, und 19 davon wurden hingerichtet. Außerdem starben fünf Personen im Gefängnis, einschließlich eines vierjährigen Mädchens.[7]

Die Hexenprozesse endeten nach einigen Monaten, aber die Auswirkungen sind bis heute spürbar. Die Hexenprozesse von Salem sind ein starkes Beispiel dafür, wie Angst und Paranoia zu grausamen und ungerechten Aktionen führen können. Im Laufe der Geschichte gab es unzählige Hexenprozesse, von denen viele zu tragischen und ungerechten Todesfällen führten. Einige dieser Prozesse sind aufgrund ihrer Größe, Brutalität oder der sie umgebenden Umstände besonders erschreckend. Sie werfen ein grelles Licht auf den menschlichen Hang zu Angst, Paranoia und skrupelloser Verfolgung.[8]

---

6 Hoffer, Peter Charles: The Salem Witchcraft Trials: A Legal History. University Press of Kansas. Lawrence 1997, S. 4-9. ISBN 978-0-7006-0859-1.
7 Hoffer, Peter Charles: The Salem Witchcraft Trials: A Legal History. University Press of Kansas, Lawrence 1997, S. 12-24. ISBN 978-0-7006-0859-1.
8 Quelle: https://www.deutschlandfunk.de/rituale-der -hexen-heia-walpurgisnacht-der-wilde-ritt-zum110.html.

Bamberger Hexenprozesse

Die Bamberger Hexenprozesse sind als eine der größten Massenverfolgungen von Hexen bekannt. Diese Prozesse fanden während des Dreißigjährigen Krieges statt, einer Zeit großer politischer und religiöser Unruhen in Deutschland. Die Prozesse, die vom Fürstbischof Johann Georg II. Fuchs von Dornheim ins Leben gerufen wurden, zielten darauf ab, die moralische und spirituelle Reinheit in seinem Territorium wiederherzustellen. Zu diesem Zweck wurden Personen aller gesellschaftlichen Schichten der Hexerei beschuldigt und verfolgt. Die Bamberger Hexenprozesse waren geprägt von intensiver Folter und brutalen Exekutionen. Es wird geschätzt, dass bis zu 1000 Menschen hingerichtet wurden. Eine Person, die im Zuge der Bamberger Hexenprozesse berühmt wurde, war der Bürgermeister von Bamberg, Johannes Junius. Junius wurde der Hexerei beschuldigt und trotz seiner Bemühungen, seine Unschuld zu beweisen, schließlich hingerichtet.[9]

Sein herzzerreißender Brief an seine Tochter, in dem er seine unschuldige Situation schilderte, ist einer der am besten dokumentierten Berichte über die Ungerechtigkeiten der Hexenprozesse.

Brief von Johannes Junius aus dem Gefängnis an seine Tochter: (frei übersetzt)

... herzliebe Tochter. Unschuldig bin ich in das Gefängnis gekommen, unschuldig bin ich gemartert worden, unschuldig muss ich sterben. Denn wer in das Haus kommt, der wird so lange gemartert, bis er aus seinem Kopf etwas Erdachtes ... gesteht![10]

Kurze Zeit später wurde Johannes Junius auf dem Scheiterhaufen verbrannt.[11]

---

9 Quelle: https://www.studysmarter.der Geschichte > Frühe Neuzeit.
10 Quelle: https://www.br.de > Die Bamberger Hexenprozesse: Unschuldig muss ich... > Geschichte.
11 Quelle: http://www.hexen-franken.de > katholische-herrschaften.

Eine bemerkenswerte Tatsache ist, dass die Bamberger Hexenprozesse erst endeten, als die Stadt von schwedischen Truppen
im Zuge des Dreißigjährigen Krieges eingenommen wurde.[12] Die
neuen Machthaber beendeten die Hexenverfolgung, und viele
der überlebenden Opfer konnten in ihre Häuser zurückkehren.

Die Bamberger Hexenprozesse sind ein drastisches Beispiel
für die Auswirkungen der Massenparanoia, kombiniert mit re-
ligiösem Fanatismus und Autoritätsgewalt. Sie dienen als eine
scharfe Erinnerung an die Bedeutung der Achtung der Menschenrechte und der Unschuldsvermutung in unserer Gesellschaft.

Die Kettenreaktion einer kleinen Eiszeit

Eine Serie von vier großen Vulkanausbrüchen auf Island war
der Auslöser der sogenannten kleinen Eiszeit – am Ende des
Mittelalters. Bereits Ende des 13. Jahrhunderts führten diese
Eruptionen zu einer Klimaabkühlung und markierten damit
den Beginn einer über Jahrhunderte anhaltenden Kälteperiode
auf der Nordhalbkugel.

Die kleine Eiszeit begann damit deutlich früher und plötz-
licher als bisher angenommen. Die kleine Eiszeit beendete eine
ausgedehnte mittelalterliche Wärmeperiode und sorgte ab dem
15. Jahrhundert für extrem kalte, lange Winter und kühle, re-
genreiche Sommer in Europa und Nordamerika. Die Ostsee und
viele Flüsse froren in dieser Zeit mehrfach zu, Alpengletscher
rückten bis in die Täler vor. Packeis, das ganze Zivilisationen
von der Außenwelt isolierte. Dürreperioden in nie gekanntem
Ausmaß vernichteten die Ernten, mit der Folge von katastrophalen Hungersnöten über weite Landesteile hinweg. Die Ge-
nerierung von Nahrung war für die Gesellschaft täglich ein
einziger Kampf ums Überleben. Krankheiten, Seuchen und die

---

12 Quelle: http://www.wikipedia.org. > wiki > Schlacht bei Bamberg.

Pest überzogen, in immer kürzeren Abständen, wellenartig die nördliche Hemisphäre.[13]

Der Dreißigjährige Krieg (1618-1648) mit seiner gesamten Brutalität verschlechterte zudem rasant die Lebensumstände der Gesellschaft in Mittel- und Nordeuropa. In kaum einer Phase seit ihrem Bestehen hatte die Menschheit so sehr mit den Folgen eines kühlen Klimas zu kämpfen wie in der „kleinen Eiszeit", die bis Mitte des 19. Jahrhunderts andauerte.[14] Ängste und Zweifel kommen massiv auf, aus denen sich immer mehr die Frage nach der Ursache dieser Katastrophe stetig entwickelt. Bei den Regierenden verbreitete sich Panik und große Sorge um die Entwicklung und Zukunft der Menschen. Die Meinung über diese Tragödie verdichtete sich jedoch in Mitteleuropa und darüber hinaus, als dass die Gründe hierfür irdischer Natur seien. Schnell hat man dann den Schuldigen dafür ausfindig gemacht.

Hexen sind die Ursache des Unheils. Während sich die hohen Kirchenführer dieser These entgegenstellten, war in regionalen Gegenden der Schuldige bereits ausfindig gemacht worden. Eine nie da gewesene menschenverachtende Maschinerie nahm ihren Lauf. War eine Person erst in Verdacht geraten, war auch das Todesurteil so gut wie sicher besiegelt. Ohne jeglichen Unterschied zwischen den Geschlechtern, ob Jung oder Alt oder noch Kind. Selbst hohe Würdenträger und makellose Persönlichkeiten sind ihrem Schicksal zum Opfer gefallen. Auf menschenunwürdige Art und Weise sind sie aus ihrem Leben gerissen worden.

---

13 Behringer Wolfgang: Die Krise von 1570. Ein Beitrag zur Krisengeschichte der Neuzeit. In: Manfred Jakubowski-Tiessen/Hartmut Lehman (Hrsg.): Um Himmels willen. Religion in Katastrophenzeiten. Göttingen2003, S. 51-156.

14 Quelle: https://www.scinexx.de/news/geowissen/ vulkanausbrueche-loesten-die-kleine-eiszeit-aus.

Kapitel 2

Die Geburt der Neuzeit-Satanisten und Hexen

Die Romanows hieven das Zarenreich auf die Bühne der Weltpolitik. Unter Stalin und seinen Nachfolgern wird die Sowjetunion zur Weltmacht.[15][16]Deren Untergang sieht Wladimir Putin als Fehler der Geschichte, der korrigiert werden muss. Und so finden Russlands Kriege kein Ende – bis heute.

Über den Verfall und Untergang der Sowjetunion ist sehr viel geschrieben und berichtet worden. Deshalb wird hier nicht weiter auf dieses bereits vielfach aufgearbeitete Thema eingegangen.

Die Hexen im Kreml waren eigentlich schon immer gegenwärtig, stets präsent, Tag und Nacht – auf der Suche nach einem Anlass, Gräueltaten anrichten zu können. Womöglich entstanden die Wurzeln dieser satanischen Triebfeder tatsächlich schon zu Stalins Zeiten. Wie ein aufgehetzter Hund, der die Fährte doch endlich aufnehmen darf. Das unberechenbare Monster Boris Jelzin kehrt sein Innerstes nach außen, Michail Gorbatschow, der Generalsekretär, ein Ausnahmemensch in dieser rauen Kremlwelt auf dem prunkvollen „Blocksberg", war von der politischen Bühne verschwunden. Die Hexen im Kreml zeigen jetzt die Zähne, die zunächst unscharfen eines Boris Jelzin und dann die eines vorerst smarten, unscheinbaren Wladimir Putin. Aber die Welt sieht diese scharfen, gnadenlos zubeißenden Zähne nicht! Vielleicht sind sie doch nicht so scharf, und auf ihren Besen fliegen seine Hexen sowieso nicht sehr weit, zumindest erhofft sich das die westliche Welt!

---

15 Quelle: https://www.zdf.de > Gesellschaft > ZDF Royal.
16 Stähli, Albert: Die Romanows. Aufstieg und Fall der russischen Zaren. Frankfurter Allgemeine Buch. Frankfurt/M. 2021.

Wir schreiben den 11. Dezember 1994, und wieder einmal rollen die ersten russischen Panzer nach Tschetschenien. Die Unabhängigkeitsbestrebungen des Landes waren der Führung in Moskau ein Dorn im Auge.[17] Der Sturm auf die tschetschenische Hauptstadt Grosny und zwei kurz aufeinander folgende Kriege haben tiefe Wunden gerissen. [18]

Fernsehbilder der BBC vom Dezember 1994 zeigen das erbarmungslose Vorgehen der russischen Soldaten. Seit Tagen bombardiert die russische Armee Grosny, die Hauptstadt der russischen Teilrepublik Tschetschenien. Flammen versengen einen leblosen Körper am Boden, Autos brennen, schwarzer Qualm steigt auf.

Ein kleiner Junge steht verzweifelt zwischen den Wracks. BBC-Reporter Robert Parsons berichtet direkt aus dem Kriegsgebiet.[19]

„Wo ich stehe, wurden mindestens zwei Menschen getötet, unschuldige Passanten. Viele wurden verwundet. Die russische Regierung behauptet, nur strategische Ziele anzugreifen, aber vor Ort sieht es ganz anders aus." Die westliche Gesellschaft mit ihren intellektuellen Führern sieht zu. Sieht verwundert zu, schließt die Augen wie der Satan und seine Hexen eine friedliebende, nach Freiheit strebende Gesellschaft, die Last der Unterdrückung hinter sich lassen will, mordet. Zwei Kriege legen Grosny in den 90er- und 2000er-Jahren in Schutt und Asche. Für Andersdenkende oder gar Menschenrechtler ist in Tschetschenien kein Platz. Damals brach die Sowjetunion auseinander, und ehemalige Sowjetrepubliken wie Georgien, Kasachstan und die Ukraine erklärten sich für unabhängig.

---

17 Quelle: Friedrich-Ebert-Stiftung.https://www.google.de/library. fes.de/fulltext/aussenpolitik-tschetschenienkrieg. abgerufen am: 22.01.2024.

18 Quelle: https://www.osteuropa.lpb-bw.de > tschetschenienkrieg. abgerufen am: 22.01.2024.

19 Quelle: https://www.deutschlandfunk.de > kriegsbegin-vor-25...: abgerufen am: 26.02.2024.

Der Kampf um Grosny dauerte mehrere Tage. Wach-Hadsch Issajew hatte sich damals mit anderen tschetschenischen Kämpfern in einem Regierungsgebäude verschanzt [...].

„Wir haben eingesalzene Tomaten gegessen und waren sehr durstig, hatten aber kein Trinkwasser. Deshalb ging ich mit einem Kameraden Wasser holen. Wir sind durch ein Fenster hinausgekrochen. Der Fluss Sunscha war in der Nähe. Als wir dort hinliefen, hörte ich das Flugzeug.

Während wir uns Wasser nahmen, warf es mich in den Fluss. Das Gebäude war getroffen. Von unseren Leuten hat es fast alle erwischt."[20]

„Die Führungen des Innenministeriums, Verteidigungsministeriums und Geheimdienstes wollten, dass so viele ihrer Leute wie möglich im Tschetschenienkrieg unter Beschuss gerieten, damit sie Kampferfahrung bekommen.

In den ersten Wochen stockte Jelzin die Truppen von anfangs offiziell gut 20.000 auf offiziell 70.000 Mann auf."[21] Darunter waren nicht nur Soldaten. Auch das Innenministerium war beteiligt, mit einfachen Milizionären und Kämpfern der Eliteeinheiten OMON und SOBR. Dazu schickte der Inlandsgeheimdienst Truppen.

Die Verantwortlichen sahen den Tschetschenienkrieg als willkommenes Training für ihre eigenen Leute, sagt Alexander Scharkowskij, Militärexperte der Nesavissimaja Gaseta, in Moskau.

Trotz der Übermacht erlitten die russischen Truppen eine Niederlage nach der anderen. Die Verluste waren enorm. Genaue Zahlen gibt es bis heute nicht.

Die Gier nach Macht und Einfluss der Machthaber nahm fortan keine Rücksicht mehr auf „Leib und Leben" der Menschen,

---

20 Quelle: https://www.deutschlandfunk.de > Kriegsbeginn-vor-25-Jahren. Tschetschenien und die Folgen. Abgerufen am: 26.02.2024.
21 Quelle: https://www.de.wikipedia.org/wiki/Erster_Tschetschenienkrieg, abgerufen am: 24.02.2024.

ob Freund oder Feind. Die „Raunächte" häuften sich. Die Fratze des Bösen fordert jetzt seine Hexen auf, bis zum Äußersten zu gehen. Alles ist erlaubt, Raub, Mord, Folter, Vergewaltigung. Eine Anweisung, eine Aufforderung, die der Satan seinen Hexen mit auf den Weg gibt und sie auch gnadenlos einfordert. Wer das nicht will, stellt sich gegen das Vaterland und wird in vielen Fällen selbst zum Opfer. Widerspruch, Anzeichen von Moral, Mitleid oder Zögerlichkeit gegen Anwendung typisch russischer Grausamkeiten wird nicht geduldet. Die Welt schaut zu und weg! Gab es in der Zeit der Hexenverfolgung zumindest noch der Form halber ein Gericht, das den Anschein einer ordentlichen Untersuchung erweckte und mit der Verurteilung das Strafmaß festlegte, ist es in der Moderne nicht mehr notwendig. Der Satan entscheidet ad hoc über das Strafmaß. Regeln oder Gründe für eine Bestrafung gibt es nicht. Je grausamer und blutrünstiger – umso besser!

Doch es keimt Hoffnung auf. Der angeschlagene Zar Boris Jelzin verliert seine Zähne.

In diesen „Raunächten" betritt ein neuer Hexendompteur die Bühnen der Welt. Vladimir Putin. Freundlich, nett, oft mit einem verbindlichen Grinsen im Gesicht, so, als will er der Welt zeigen: Seht nur her, wie smart, wie nett, wie liebenswert und anständig ich doch bin. Er präsentiert sich als Menschenfreund, stets bemüht, nur das Beste zu wollen für die Menschen und sein russisches Volk! Und die Welt zweifelt keinen Moment an dieser Person, die, schmächtig wirkend, an den dahinter verborgenen Scharlatan, an das Chamäleon, zumindest dann, wenn es nicht auf dem „Blocksberg" verweilt und sich auf den internationalen Bühnen bewegt, erinnert. Ein Gentleman, fast zerbrechlich wirkend, wenn er neben den Großen der westlichen Welt die Militärparade abnimmt. Wer vermutet schon, denkt, glaubt, meint zu wissen, dass hier ein großer Wolf im Schafspelz das Parkett der politischen Bühne betreten hat? Ausnahmslos niemand! Wie das ungelöste Rätsel um die Henne und das Ei wird es auch um Wladimir Wladimirowitsch Putin bestellt sein. Seine Vita ist durchaus beeindruckend, wenn auch nicht lückenlos und zuverlässig, lässt aber zunächst nichts besonders Auffälliges erkennen. Aus einer Arbeiterfamilie heraus zum russischen Oberhaupt, das ist aber schon bemerkenswert. Jurastudium an der Universität Leningrad. Dadurch lässt sich auch die Verbindung zu radikalen Gruppierungen ableiten, aber nicht beweisen. Dennoch sollte man meinen, dass diese Person einer realen weltlichen und politischen Weltanschauung unterliegt. (In seiner Biografie: Aus erster Hand: Gespräche mit Vladimir Putin im Jahr 2000). Einige seiner Aussagen sind unbestätigt, sodass sich eine Charakteristika zunächst nicht klar bestimmen lässt. Und so gilt erst einmal – damals wie heute – die Unschuldsvermutung! Ein winziger Hinweis auf seine ureigene und tiefe Gespaltenheit seiner Weltanschauung ist: Als am 8. Dezember 1991 die Sowjetunion aufgelöst wurde, bezeichnete Putin dies später als schlimmste Katastrophe des 20. Jahrhunderts. Erste Indizien seiner wahren, inneren Weltanschauung? Ist darin die Geburt einer Idee entstanden, eine neue Weltordnung schaffen zu wollen? „Make Soviet Union great again"? Putin war auch zeitweise als Dolmetscher zu Zeiten Helmut Kohls tätig. Der große, starke Helmut Kohl, der mit einer Gradlinigkeit und nimmermüden Beharrlichkeit die Wiedervereinigung vorantrieb! Aber wo ist die Divergenz zwischen diesen mächtigen Männern zu finden? Die Wiedervereinigung gelingt dem großen Deutschen, ohne einen Tropfen Blut zu vergießen. Dem kleinen Schmächtigen jedoch gelingt es – wenn überhaupt –, ehemalige Sowjetländereien mit einer noch nie da gewesenen Blutspur der Vernichtung und verbunden mit allen erdenklichen Gräueltaten ins große Reich zurückzuholen. Ein russisches Sprichwort sagt: „Wenn du einen Bären zum Tanzen aufforderst, bist nicht du es, der entscheidet, wann der Tanz beendet ist, sondern der Bär."[22] Und tatsächlich trifft dieses Sprichwort zum russischen Zeitgeist den Nagel auf den Kopf. So unvorstellbar berechnend kalt und grausam der

---

22 Quelle: https://www.faz.net > Politik > Die Gegenwart: abgerufen am: 02.01.2024.

Kremlchef auch ist, es ergeben sich weitere Fragenzeichen zu dieser Person, nämlich die der Familie. Zumindest nach außen hin präsentierte er sich über viele Jahre als Familienmensch und Vater. Offiziell sind aus der Ehe mit Ljudmila Putina, geb. Schkrebnewa, zwei Töchter hervorgegangen, die aber offenbar weit weg von ihrem Erzeuger leben. Mit vielen Millionen Dollar werden beide Damen offensichtlich ruhiggestellt. Putins Tochter Marija Woronzowa bleibt im Interview mit Medtech Moscow, einer Innovationsplattform der Moskauer Stadtregierung, nahezu stumm und liefert wenig Substanzielles. Fazit aus dem 40 Minuten langen Interview ist, dass die Mehrheit der russischen Bevölkerung sich dem Glaubenssatz des Systems ihres Vaters „Lebt euer Leben, aber mischt euch nicht in die Politik ein" unterworfen hat. Der Auftritt der blonden Frau spiegelt auf deutliche Weise das Unehrliche, Verlogene und vieldeutige Verhalten des russischen Präsidenten gegenüber seiner Familie wider, gegenüber der Menschheit. Zum Schluss fügt sie noch hinzu: „Ich ging in die Medizin und studierte nicht Wirtschaft, wie von allen in meiner Umgebung gedacht. Man muss immer entgegen den Erwartungen handeln." In ihrem auf YouTube verbreiteten Interview, das in Russland kaum zur Kenntnis genommen wurde, macht sie genau das nicht und stützt damit – gewollt oder ungewollt – die Fiktion, in Russland gehe alles seinen gewöhnlichen Gang.[23] Somit ist aus dem Kreise der Familie – sofern es eine solche je gegeben hat – nichts zu erwarten, kein Korrektiv, das im positiven, menschlichen Sinne einwirken könnte. Dennoch hat die Tochter des Satans eine sehr bedenkliche Aussage getroffen. „Man muss immer entgegen den Erwartungen handeln." Ist das nicht genau die Devise, die durch die Zunge des

---

23 Quellen: https://www.nzz.ch/feuilleton/putins-tochter-gibt-in-moskau-ein-interview-und-sagt-42-minuten-Lang-nichts-https://www.t-online.de/nachrichten/ausland/russland-putin-tochter-maria-woronzowa-spricht-in-interview-ueber-privates, abgerufen am: 18.12.2023.

Herrschers formuliert wird? Gedankenspiele, die mit Worten ausgedrückt werden und tief in die Seele blicken lassen? Wenn er Frieden sagt, meint er Krieg, wenn er Krieg sagt, mit Bomben droht, muss doch genau das Gegenteilige gemeint sein! Hierin findet sich das Ebenbild des Teufels, des Satans wieder und die Töchter das Ebenbild in der Person einer Hexe. Mit unglaublicher Kraft in seinen Worten muss der Vater auf seine Töchter Einfluss gehabt haben. Beide Töchter besuchten eine deutsche Schule, Gymnasium mit Abschluss in St. Petersburg, eine Zeit lebten beide sogar – aus Sicherheitsgründen – in Deutschland. Und dennoch hat sich ihre Sichtweise total vom demokratischen, westlichen Weltbild abgekehrt. Die ältere Tochter von Marija Woronzowa, Ekaterina, auch Katja genannt, liebt das luxuriöse Leben und bewegte sich oft unbemerkt in der bayerischen Metropole. Offiziell ist sie mit dem ehemaligen Chef des Münchner Staatsballetts, Igor Zelensky, liiert. Beide Töchter Putins sind finanziell unabhängig und verfügen über Dollarmillionen aus Beteiligungsanteilen der Firma Gazprom und Rosneft. [24]

---

24 Quelle: https://www.swp.de > Panorama > Personen: abgerufen am
   19.12.2023.

Kapitel 3

Der Krieg im Nahen Osten

Zurück auf dem prunkvollen „Berg des Diktators und seinen Hexen" – hinter den schweren Türen, die mit Goldbeschlägen besetzt sind, legt er wieder die westlich demokratisch aufgesetzte Fassade ab. Eine neue „Raunacht" wird einberufen und den Hexen ein neuer Plan offeriert. Der syrische Machthaber Baschar-al-Assad ist auf seinem Besen eingetroffen und mit von der Partie. Grausam, menschenverachtend, erbarmungslos – keine Gnade, kein Mitleid, keine Gefangenen. Wir fliegen nach Syrien. Ein weiteres Unheil nimmt seinen Lauf. Mit dem russischen Militäreinsatz greift die Russische Föderation seit September 2015 vor allem mit Luftangriffen in den Syrienkrieg ein. Die Kriegsführung war geprägt durch wenig Rücksichtnahme auf die Zivilbevölkerung – im Gegenteil. Ganz bewusst griff man zivile Ziele an wie Wohngebiete, Schulen und Krankenhäuser. Die Moral der Menschen in dieser Region, in ihrer Heimat, sollte gebrochen werden. Jeder Zivilist war ein willkommenes Ziel. Welche Freude auf dem „Blocksberg"! Und wäre da nicht schon genügend Hohn in diesem Tun, teilt der feine Herr im Kreml mit, dass der Militäreinsatz sorgfältig vorbereitet und geplant war. Die Aufgabe sei ein kompromissloses Vorgehen der Streitkräfte. Mit leichtem Stirnrunzeln und einem ironischen Lächeln im Gesicht, sah die Heeresführung zunächst die Verlegung von Truppen und Kräften über solche Entfernung auf das Territorium eines Staates, der nicht an das eigene Vaterland grenzt.

Es gab nur ein einziges Beispiel im Jahre 1962 – die Operation ANADYR, als die UdSSR Truppen nach Kuba verlegte.[25] War das

---

25 Quelle: https://www.google.de.wikipedia.org/wiki/Operation_Anadyr, abgerufen am: 20.12.2023.

die Generalprobe für eine irgendwann anstehende Operation gegen den naiven, verblendeten Westen?

Mit wie viel Kälte der Genugtuung muss der Oberste Befehlshaber der Streitkräfte Russlands befallen sein, die strategischen Ziele und Aufgaben zu befehligen und sich wöchentlich zweimal vom Verteidigungsminister, Armeegeneral Sergei Schoigu, oder dem Generalstabschef über die Dynamik der Gefechtshandlungen unterrichten zu lassen? Nach russischen Angaben führten die Jagdjets und Bomber täglich gnadenlos 50-70 Angriffe auf Kämpfer, Infrastruktur oder die Basen des Gegners aus. Nur so könne man das Rückgrat des Gegners brechen. Die unmissverständliche Meinung des obersten russischen Führers. Ende September 2019 berichtete die syrische Beobachtungsstelle für Menschenrechte, durch den russischen Militäreinsatz in Syrien seien seit September 2015 insgesamt ca. 30 500 Menschen ums Leben gekommen. Ende 2020 vermeldete die UNO, dass seit Dezember 2019 etwa 520 000 Menschen in Idlib sich auf die Flucht begeben hatten.

Bei genauerem Betrachten dieser Zahlen lässt sich einmal mehr die Grausamkeit dieser Bestien erkennen, zumal es sich hierbei nur um ein kleines, winziges Gebiet auf dem Erdball handelt. Nahezu zeitgleich werden nebenbei aber noch weitere Grausamkeiten ausgetüftelt. Die Massenmorde lassen das Adrenalin der Veranlasser rasant in die Höhe schnellen. Attacken und gezielte Morde hingegen an kleinen Gruppen oder Einzelperson verursachen auf dem „Blocksberg" eine frenetische Hochstimmung. Insgeheim löst es sogar eine riesige, orgienhafte Fete unter den Hexen aus. Der Welt gegenüber waschen sich der Satan und seine Hexen die Hände in Unschuld. Staatsmännisch und ohne eine Miene zu verziehen wird jegliche Beteiligung verneint, immer mit einem leichten, hämischen Grinsen im Gesicht, gepaart mit staatsmännischer Kälte. Die Welt hört hin und dann weg. Beide Hände des Satans auf dem Blockberg reichen bei Weitem nicht aus, um das Blut aller Einzel- und Gruppenmorde abzuwischen. Alleine die Fälle aus jüngster Vergangenheit füllen unzählige Seiten in den Akten der Aufklärer.

Kapitel 4

Die Grausamkeiten nehmen zu –
die Gegenwehr erstarrt

Wie war das eigentlich früher mit der Wahrheitsfindung? Ganz einfach – schon im Mittelalter und noch früher wurde die Folter praktiziert, um die Wahrheit herauszufinden. Sie galt als wichtiges Beweismittel im mittelalterlichen Strafprozess. Dabei waren die Ausführenden sehr kreativ in der Wahl ihrer Mittel. Wer erst einmal in die Mühlen der Ankläger verfiel, war schon so gut wie verloren.

Im März 2023 erlässt der Internationale Gerichtshof einen Haftbefehl gegen den Präsidenten der Russischen Föderation und die russische Beauftragte für Kinderrechte, Maria Lwowa-Belova. Der juristische Vorwurf lautet Kriegsverbrechen. Bis dahin sollte man glauben, dass jetzt das Recht seinen Lauf nimmt und die menschlichen Untaten damit gestoppt werden – weit gefehlt. Der Blick zurück lässt schnell erkennen, welche Gräueltaten der Satan zu verantworten hat. Die Geringschätzung von Menschenleben ohne jegliche Einschränkung ist die unverkennbare Handschrift Putins. Wie tief muss bei ihm der Glaube sitzen, dass seine Toten die Helden sind? Sie hat es doch schon immer gegeben – Opfer, die die Gesellschaft nun einmal so hinnehmen muss. Wenn schon nicht gleich der Tod folgt als Folge eines erfundenen Vergehens, so ist es doch mindestens lebenslange Haft, die meist noch grausamer verläuft als der Tod. Die Journalistin Masha Gessen schreibt in ihrer Putin-Biografie: „Die simple und offenkundige Wahrheit ist, dass Putins Russland ein Land ist, in dem politische Gegner und unbequeme Kritiker häufig ermordet werden. Zumindest manchmal kommt der Befehl zum Mord direkt aus dem Büro des Präsidenten." Nachdem die Gerichtsbarkeit im Lande des Satans nur Makulatur und Show ist – insbesondere für die übrig gebliebenen Verehrer und Naiven der westlichen Welt – senkt der Allmächtige persönlich den Daumen in allen Fällen nach unten. Dieses Verhaltensmuster hat es schon seit Menschengedenken gegeben und war immer in den einzelnen Epochen das Markenzeichen der Herrscher, etwa der römische Kaiser Nero, einer der bekanntesten Despoten im Römischen Reich. Der Satan aus Moskau aber toppt sie alle. Seine Menschenverachtung ist bis heute beispiellos! In der Zeit der Hexenverfolgen, die in vielen Verhaltensmustern dem Vorgehen des Kremls nahekommen, gibt es doch einen feinen Unterschied. Der in Ungnade Gefallene wurde erst einmal gefoltert und hatte noch den Hauch einer Chance, sich aus den Fängen zu befreien, auch wenn die Wahrscheinlichkeit äußerst gering war, so bestand doch noch eine winzige Hoffnung auf ein Überleben. Der Kreml hingegen kennt keine Gnade. Ein Hauch von Kritik oder fehlende Konformität mit der Kremlmeinung bedeutet fast schon das Todesurteil.

Um Hexen und Ketzer geständig zu machen, wurde im Mittelalter nicht selten Folter angewandt. Dabei waren der Grausamkeit keine Grenzen gesetzt, und teilweise sprach man davon, dass die Inquisitoren und die Vollstrecker sich dabei austoben konnten und ihren teilweise perversen Phantasien freien Lauf lassen durften. Auf dem Blocksberg entscheidet der Henker höchstpersönlich, welche Foltermethode angewendet wird. Um so mehr Ansehen die Person genießt, um so erbarmungsloser fällt das Urteil aus. Haft, Arrest, Einzelzelle, Schlafentzug, rationiertes Essen, Giftpillen in geringen Dosen, sodass der Tod schleichend, langsam und qualvoll eintritt. Und am Ende wird der vermeintliche Delinquent bemitleidet und mit einem Blumenstrauß auf seinem Grab das Bedauern des Ablebens bezeugt. An Ironie nicht zu übertreffen. In der Zeit der Hexenverfolgung wahrten zumindest die Ankläger ihr Gesicht, zumal sie durch die Folterverhöre herausfanden, dass die Person ein Ketzer oder Hexer war und dass – laut Protokoll – diese es auch zugegeben hätten. Auch Nero in seiner grausamen, unmenschlichen Art gab den Gefangenen noch eine geringe Chance auf das Überleben. Gewann der Verurteilte seinen Kampf in der Arena gegen seinen Widersacher, war das Todesurteil noch nicht besiegelt. Im Kreml gab und gibt es solche humanen Züge absolut nicht. Die Maxime dort: Kälte, Härte, Exitus.

Kapitel 5

Foltermethoden damals wie heute

Die Foltermethoden im Mittelalter und der frühen Neuzeit waren grausam und schmerzensreich. Der Kreativität und dem Erfindungsreichtum diverser Foltermethoden waren keine Grenzen gesetzt. Über eine der gefürchtetsten Einrichtungen in der Neuzeit verfügte die Gestapo. Ob männlich, weiblich oder Kinder – die Kalfakter nahmen zunächst die Delinquenten entgegen. Ohne jegliche gesetzliche Grundlagen nahmen sie Festnahmen vor, verhängten willkürliche Strafen wie Folterungen, Einweisungen in Konzentrationslager und standrechtliche Erschießungen ohne Verfahren. Diese Vorgehensweise gehörte zu ihren gängigen Methoden. Wie bereits in der Zeit der Hexenverfolgung war der Mensch dem Menschen ausgeliefert. Wer nicht auf der „richtigen Seite" stand, war so gut wie verloren. Wer als Häftling in einem der Konzentrationslager landete, war dem Tode geweiht. Die Lager waren für ihre besondere Härte bekannt, die die grausamsten Methoden der Folter anwendeten. Millionen von unschuldigen Menschen fanden in diesen Lagern in den Gaskammern und Krematorien der Konzentrationslager den Tod durch Vergasung.

Einige Jahre später fanden ähnliche Folterungen statt, die deutlich kreativer in ihrer Ausführung waren. Im Vietnamkrieg scheuten sich beide Kriegsparteien nicht, grausamste Misshandlungen an den Gefangenen zu verüben. Wer als Gefangener in die Fänge der Gegner geriet, ob hüben oder drüben, ging durch die Hölle, so steht es in unzähligen, authentischen Berichten geschrieben. Tagsüber wurden sie stundenlang der tropischen Hitze ungeschützt ausgesetzt, ohne Flüssigkeit aufnehmen zu dürfen. Wer sich bewegte, wurde sofort erschossen, oder ihm wurden mit einem Hammer die Zähne ausgeschlagen. Häufig schlugen die Aufseher willkürlich Finger- und Zehenspitzen ab. In den Nächten wurden die Gefangenen in den Tigerkäfig gesperrt. Ein Käfig, der nur einen Meter hoch und einen Meter breit war. Sobald der Gefangene sich bewegte, wurde er durch den eingeflochtenen Stacheldraht schwer verletzt. Die Foltermethoden in Vietnam waren an Grausamkeit nicht zu überbieten. Eine äußerst brutale Foltermethode, die ebenfalls von beiden Kriegsparteien angewendet wurde, waren Ratten. Der Gefangene wurde in einen Käfig gesperrt, in dem auch einige Ratten waren, und ins Wasser gestellt. Lediglich der Kopf des Folteropfers blieb oberhalb der Wasseroberfläche. Die Ratten versuchten zu flüchten und nagten am Kopf des Gefangenen. Die meisten Opfer überlebten diese Folter nicht! Wilde Tiere, giftige Schlangen und Spinnen, Ameisen und giftige Krabbeltiere kamen oftmals zum Einsatz, um den Gefangenen gewisse Informationen zu entlocken. Am Ende überließen sie sie den Tieren ganz, die durch Gift oder Bisse bei den Gefangenen qualvoll den Tod herbeiführten. Die ethnischen und moralischen Werte der Amerikaner gerieten in der Zeit des Vietnamkrieges total aus den Fugen. In einer Druck- oder Gefahrensituation verliert der Mensch jegliche Selbstkontrolle und wird zum wilden Tier. Ein Phänomen, das nur mit dem eigenen Überlebenswillen zu begründen ist – oder die blanke Angst davor, dass einem genau das widerfahren könnte, was ich gerade an Folter plane oder ausführe. Ob dabei auch Lustgefühle entstehen, ist in diesem Moment sehr unwahrscheinlich und bislang nicht untersucht. Jedenfalls ist diese Phase als Kontrollverlust zu beobachten, die sich aber wieder reguliert und in den Hintergrund rückt, sobald der Mensch zivilisierten Boden betritt. Studien in Amerika haben gezeigt, dass wellenartig Schuldgefühle bei den Folterern aufkommen, die dann oft bis zum Suizid führen – noch heute.

Die Grundlage der gesetzlichen Legitimität, Folter als Beweismittel anzuwenden, verdanken wir dem Bistum Bamberg und der bereits entwickelten Halsgerichtsordnung. Trotz ihrer extremen Härten ist auch die Tortur selbst mit dem Namen des Bistums eng verbunden. Die Bamberger Tortur gehörte in Deutschland und auch andernorts zu den beliebtesten Mitteln,

„Geständnisse" hervorzurufen. Sie galt damals als eine „milde Art" und bestand hauptsächlich in der schon bei den Alten als Folterungsmittel beliebten Auspeitschung. Der Misshandelte wurde auf einen hölzernen Bock gesetzt, gefesselt und sein nackter Rücken mit Ruten oder mit der Peitsche, nach Belieben des Richters, bearbeitet. Waren zunächst Drohungen nicht vom gewünschten Erfolg begleitet, so wurde zur Realterrition geschritten, der Drohung zur Anwendung der Marterinstrumente. Der Henker legte dem Angeklagten die Folterwerkzeuge vor und gab zu jedem eine ausführliche Erklärung ihrer Anwendung und aller Martern, die der Gepeinigte dadurch auszustehen hätte.

Der Brustreißer

Der Brustreißer war ein metallisches Werkzeug, das an die Brüste angesetzt und dann zusammengepresst wurde. Es war eine zangenartige Konstruktion, mit spitzen Enden, die sich in das Fleisch bohrten. Je nach Stärke des Druckes wurden die Brüste verletzt oder teilweise sogar zerfleischt, wenn zusätzlich an dem Werkzeug gedreht und gezogen wurde. Um die ganze Methode noch qualvoller zu gestalten, wurde das Metall teilweise sogar erhitzt und glühend auf die Haut gepresst. Es heißt, dass diese Foltermethode vorrangig bei Frauen eingesetzt wurde, doch auch Männer sollen damit an Glied und Hoden gequält worden sein.

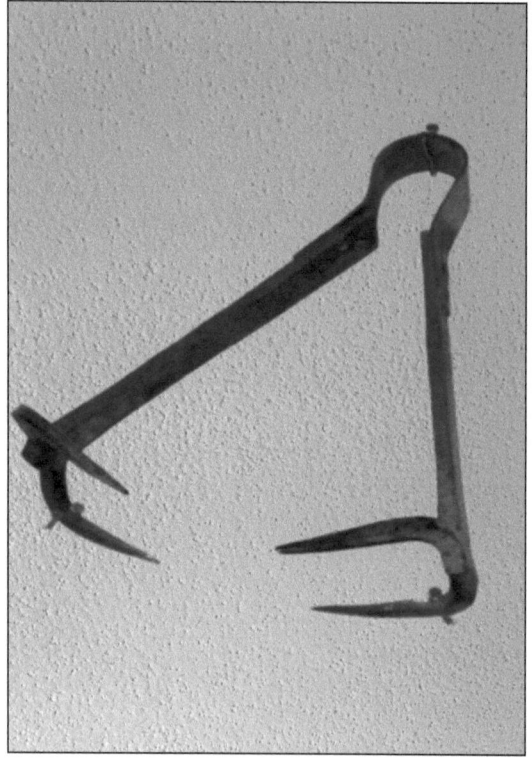

Quelle: https://www.google.de/brustreißer

Die Daumenschrauben

Die Daumenschraube ist eines der bekanntesten Folterinstrumente. Bei dieser Methode werden Finger, wie der Name schon sagt, vorrangig die Daumen, in eine Zwinge gespannt. Durch ein Gewinde konnte man die Zwinge immer weiter zusammenschrauben, wodurch die Finger immer mehr gequetscht wurden. Dies war eine sehr schmerzhafte Methode, die nicht selten zu Knochenbrüchen führte. Diese hinterließen meist bleibende Schäden, die z. B. für Bauern große Probleme bereiteten, weil sie ihren Arbeiten schlecht oder gar nicht mehr nachgehen konnten. Eine weitere bekannte Bezeichnung ist Daumenstock.

Quelle: https://www.google.de/daumenschrauben

Die Streckbank – Die Streckleiter

Ebenfalls sehr beliebt war die Streckfolter. Das Opfer wurde entweder waagerecht auf einer Streckbank oder senkrecht auf einer Streckleiter angebunden. Mit Händen und Füßen fesselte man das Opfer an Walzen. Bei Betätigung dieser Walzen wurden die Opfer schmerzhaft und qualvoll auseinandergezogen. Dabei rissen oft Sehnen, Muskel und Gelenkbänder, wodurch die Knochen aus ihren Gelenken sprangen, was sehr schmerzhaft war. Es gab zahlreiche Variationen, wie Seilwinden etc., die weniger luxuriös waren, aber dennoch die gleiche Wirkung zeigten.

Quelle: Foltermuseum, Streckbank, Foto: priv.

Der gespickte Hase

Hierbei handelt es sich um eine Rolle, die mit Spitzen bestückt war. Diese wurde dem Opfer meistens über den Rücken, aber auch über Bauch und Brust gerollt, wobei sich die Spitzen durch die Haut ins Fleisch bohrten. Je nach Bauart rissen die Spitzen dabei noch Fleischstücke raus, weil sie mit kleinen Haken versehen waren. Die Opfer waren entweder an Holzpfählen oder Kreuzen gefesselt. Aber man nutzte dieses Folterinstrument auch zur Ergänzung bei Streckfoltern.

Quelle: https://www.google.de/gespickterhase

Der Spanische Bock – Der Spanische Esel

Diese Foltermethode war eine keilförmige Konstruktion, meist aus Holz gefertigt. Sie verlief nach oben hin spitz zusammen, und das Opfer wurde mit gespreizten Beinen, meist nackt, daraufgesetzt. Die Füße erreichten dabei nicht den Boden, sodass das gesamte Körpergewicht auf den Schambereich drückte. Um zusätzliche Qualen auszuüben, band man den Opfern teilweise noch Gewichte an die Füße. Die Verletzungen im Genitalbereich waren qualvoll und hinterließen oft bleibende Schäden.

Quelle: https://www.google.de/spanischer-reiter
Quelle: https://www.google.de/spanischerbock

Die Judaswiege

Die Judaswiege war ähnlich wie der Spanische Bock. Es war eine spitze, pyramidenartige Konstruktion, über die das Opfer aufgehängt wurde. Man konnte das Opfer mittels Seilzug hoch- und runterziehen und ließ es mit dem Gesäß auf die Spitze nieder. Ob dieses Folterinstrument wirklich verwendet wurde, ist historisch nicht nachgewiesen. Da es aber dem Spanischen Bock ähnelt und die Bauart leicht und realisierbar war, ist der Einsatz ziemlich wahrscheinlich.

Quelle: https://www.google.de/judaswiege

Die Kiefer- und Mundsperre

Diese Methode wurde relativ selten eingesetzt, da sie nur selten zum Erfolg führte. Die Kiefer- bzw. Mundsperre verhinderte es, dass das Opfer den Mund schließen konnte. Dies war zum einen eine enorme Demütigung, zum anderen aber auch schmerzhaft, nach einer gewissen Dauer. Oft wurde diese Methode verwendet, um dem Opfer diverse Substanzen einzuflößen. Dadurch wollte man es zum Sprechen bringen. Doch oft erstickten die Opfer dabei.

Quelle: https://www.google.de/kiefer-mundsperre

Das Rad des Todes

Wie der Name schon sagt handelt es sich dabei mehr um eine Hinrichtungsart als um eine Foltermethode. Bei der ersten Variante brach man dem Opfer die Arme und Beine und band ihn dann tot oder lebendig an die Speichen eines Rades. War das Opfer noch lebendig, ließ man ihn dort hängen, bis es schließlich tot war. Bei der zweiten Variante hatte man ein großes Rad innen mit Spitzen bestückt und an den Seiten verschlossen. Das Opfer wurde gefesselt in dieses Rad geworfen, das dann durch Hebelwirkung gedreht wurde. Drehte man das Rad langsam, griff die Gravitationskraft, und das Opfer fiel immer wieder nach unten auf die Dornen. Die Drehungen waren schwieriger, aber für das Opfer auch umso qualvoller. Drehte man das Rad schnell, griff die Zentrifugalkraft, und das Opfer wurde an die Wände gedrückt, sodass sich die Spitzen nur einmal in den Körper bohrten. Die Drehungen waren nun weniger kraftaufwändig, aber gleichzeitig auch weniger qualvoll. Die meisten Opfer starben durch massive Einstiche in lebensnotwendige Organe, wie z. B. Lunge, Herz und Hauptschlagader.

Quelle: https://www.google.de/todesrad

Verbrennungen

Dass Hexen auf dem Scheiterhaufen verbrannt wurden, ist bekannt. Doch man nutzte diese Methode nicht nur zur Hinrichtung. Bis sich der Körper entzündet, dauert es über 15 Minuten lang, wenn man den Holzhaufen relativ hoch aufstapelt. Doch die Hitze steigt und sorgt für qualvolle Schmerzen. Erst bei 250 Grad entzündet sich der Körper. Bei der anderen Variante wird das Opfer nicht an einen Pfahl gefesselt, sondern darüber aufgehängt, sodass man es hoch- und runterziehen kann. Dadurch kann man die Qualen und Schmerzen relativ gut steuern und ggf. auch hinauszögern. Aber man fesselte die Opfer auch liegend oder sitzend und verbrannte sie mit Fackeln oder glühendem Eisen.

Quelle: *https://www.google.de/hexenbrennen*

Ausweidung und Verstümmelung

Neben typischen Verstümmelungen, bei denen man mithilfe einer Axt oder anderer scharfer Gegenstände Körperteile wie Finger, Zehen, Ohren, Nasen oder sogar ganze Hände und Füße entfernte oder auf dem Amboss zertrümmerte oder z. B. Zungen herausbrannte, weidete man die Menschen auch gern bei lebendigem Leib aus. Besonders gern nahm man dafür den Darm. Es wurde dafür extra eine Vorrichtung gebaut, bei der eine drehbare Achse in ein Holzgestell gebaut wurde. Das Opfer wurde liegend darunter gefesselt. Nun wurde der Bauch aufgeschnitten, der Darm herausgezogen, bis man ihn an der Achse befestigen konnte. Den Schnitt machte meist ein Mediziner, denn wenn alle anderen Organe unverletzt blieben, konnte das Opfer die gesamte Prozedur überleben. Diese Methode war besonders erniedrigend, da man hilflos dalag und das ganze Volk zuschaute, meist fanden diese Ausweidungen nämlich auf dem Marktplatz statt. Zwar wurden die Opfer nach einiger Zeit ohnmächtig, weil der Blutverlust recht hoch und die Schmerzen sehr stark waren, doch die Wahrscheinlichkeit war groß, dass man zwischendurch wach wurde und das Grauen miterlebte. Wurde man nicht automatisch wach, half man auch gern mit Wasser, Schlägen oder selten auch mit riechsalzartigen Substanzen nach. Die Ausweidung dauerte nur wenige Minuten, doch der Tod traf meist erst nach etwa einer Stunde ein, wenn alle anderen Organe intakt blieben.

Quelle: https://www.google.com/verstümmeln-ausweiten

Spanischer Stiefel – Beinschraube

Der Spanische Stiefel war eine Konstruktion, in dem entweder nur der Unterschenkel oder der Unterschenkel inklusive Fuß eingeklemmt wurde. Meistens handelte es sich dabei um zwei gebogene Eisenplatten, die durch eine Schraubmechanik am Bein befestigt wurden. Es gab verschiedene Methoden, dieses Folterinstrument einzusetzen. Zum einen war es schon sehr schmerzhaft, wenn die Platten enger zusammengeschraubt wurden, als es das Bein bzw. der Fuß eigentlich zuließ. Nicht selten entstanden dadurch Knochenbrüche und schwere Quetschungen. Zum anderen war es eine Methode, den angelegten Eisenstiefel etwas lockerer zu lassen und heißes, flüssiges Eisen von oben hineinzugießen. Dabei entstanden Verbrennungen und hinterher auch schwere Verletzungen, wenn man versuchte, den Stiefel wieder zu entfernen.

Quelle: https://www.google.com/spanische-stiefel

Eiserne Jungfrau

Die Eiserne Jungfrau besteht aus einem metallbeschlagenen Holzmantel. Die metallenen Dornen hingegen auf der Innenseite, drücken sich beim Schließen des Mantels in den Leib der Person. Die Eiserne Jungfrau diente auch als Schandmantel. Die Delinquentinnen wurden zum Vollzug von Ehestrafen in den Schandmantel eingesperrt und nach einer bestimmten Zeit wieder daraus entlassen.

Quelle: https://www.google.com/eiserne-jungfrau

Fesselungen

Während es einfache Varianten, wie den Pranger, Hand- und Fußschellen gab, wurden mit der Zeit auch effektivere Konstruktionen erfunden. Sie dienten nicht nur der Demütigung, sondern auch der Einschränkung der Bewegungsfreiheit. Mit der Zeit wurden diese Fesselkonstruktionen nicht mehr nur an Hals und Händen befestigt, sondern zusätzlich noch an den Füßen. Dadurch bekam das Opfer eine Haltung, die nach kurzer Zeit zu großen Schmerzen führte. Durch die Bewegungsstarre bildet sich Milchsäure in den Knochen, was die Organe angreift. Es kann z. B. zu Nierenschäden kommen, die noch lange nach der Folter wirken und zum Tod führen können. Bei einer späteren Variante wurde das Opfer kniend in eine Metallschlaufe gefesselt, die dann durch Gewindedrehungen zusammengepresst wurde.

Quelle: https://www.google.com/mittelalterliche-fesseln-bzw-handschellen

Allgemeine Foltermethoden

Es gibt noch viele weitere Foltermethoden, bei denen allerdings nicht belegt ist, ob sie tatsächlich bereits im Mittelalter verwendet wurden. Doch neben all den bekannten Foltermethoden, bei denen man Vorrichtungen oder Konstrukte benötigte, gab es auch ganz schlichte Methoden, die aber ebenso effektiv waren. So steckte man die Menschen z. B. jahrelang in ein Verlies, wo sie nicht nur vereinsamten und verrückt wurden, sondern auch qualvoll verhungerten und verdursteten. Eine härtere Variante war es, dass man die Menschen in einen kleinen Raum ohne Licht steckte. Dort wurde man noch viel schneller verrückt, und es kam häufig zu Halluzinationen. Frauen quälte man außerdem durch Vergewaltigungen, bei denen ebenfalls volle Härte und Grausamkeit gezeigt wurde. Aber die Menschen wurden teilweise auch einfach geschnürt, wodurch man ihnen die Luft raubte und sie ebenfalls sehr qualvoll starben. Ansonsten gab es noch die Würgefolter und die Ertränkungsfolter, beides in vielen verschiedenen Variationen.[26]

---

26 Quelle: https://www.deutschland-im-mittelalter.de/
Hexenverfolgung/Hexenfolter

Kapitel 6

Zeitenwende im Osten

Die Karriere von Michail Gorbatschow beendet am 19. August 1991 ein Putsch gegen den sympathischen Politiker. Der Vater von Glasnost und Perestroika musste zurücktreten. Gleichzeitig besiegelte der Putsch das Ende der Sowjetunion. Als Gorbatschow an die Macht kommt, liegt die Sowjetunion bereits wirtschaftlich am Boden. Der Grund der Hoffnungslosigkeit war die Planwirtschaft, einer der Gründe des Zusammenbruchs, die Gorbatschow sofort erkannte. Ein radikaler und tiefgreifender Eingriff in das bestehende System war die Konsequenz.[27]

Mit Glasnost (Transparenz) und Perestroika (Umbau) will Gorbatschow das Ruder herumreißen. Die Wirtschaft wird privatisiert und die Bevölkerung an politischen Entscheidungen beteiligt. Es gab vonseiten „Gorbis" niemals die Absicht, die ruhmreiche Sowjetunion abzuschaffen. Nein – ein demokratischer Staat nach westlichem Muster sollte entstehen. Besondere Aufmerksamkeit seiner Idee erweckte er plötzlich im geteilten Deutschland. Er wird zum Hoffnungsträger in Ost und West. Lediglich die fanatischen SEDler wollen davon nichts wissen. Und schon wird der Hass wieder deutlich. Das Tragen von Gorbatschow-Plakaten auf offiziellen Demonstrationen wurde strafrechtlich verfolgt. Hier liegen schon die Lehrmeister, wie man Menschen unterdrückt, verfolgt, bestraft und demütigt. Gorbatschows Idee aber macht ihn zum Helden, zum Heilsbringer. Die Idee von einem „gemeinsamen Haus Europa" machte ihn zu einer Symbolfigur des demokratischen Wandels in Ost- und Mitteleuropa. Impulsgeber der Idee war allerdings der ameri-

---

27 Ruge Gerd: Michail Gorbatschow. Biographie. Frankfurt/M.1991, ISBN 3-471-78635-X.

kanische Präsident Ronald Reagen gewesen, mit seiner Rede im
Jahre 1987: „Tear down this wall". Mit der Umsetzung dieser Idee
bleibt „Gorbi" bis heute in Deutschland unvergessen und wird
geschätzt und verehrt.[28] Nicht ein Tropfen Blut haftet an den
Händen dieses Ehrenmannes. Eigentlich ein perfektes Beispiel
für seine Nachfolger. Grausamkeiten, Autorität und brutale Gewalt führen nicht zur Achtung der Menschheit und auch nicht
die des eigenen Volkes – des eigenen Blutes. Missachtung und
Abscheu – leider überwiegend im Verborgenen – ist das Ergebnis. Der noch kleine, heranwachsende Satan bewegt sich derzeit
schon im Dunstkreis der Andersdenkenden! Der Emporkömm-
ling hat nicht gelernt und wählt schon früh einen anderen Weg.
Bei allen Bemühungen und demokratischen Ansätzen der Re-
formbemühungen verliert der Herzensmensch Gorbatschow die
Macht als einziger und erster Präsident der Sowjetunion. Boris
Jelzin übernimmt den Koffer mit dem Code der Atomwaffen.
Zeitgleich ist es jetzt wieder da, das organisierte Verbrechen, die
Korruption, die Gewalt- und Mordexzesse. Undurchsichtige Pri-
vatisierung einzelner Unternehmen, von tief roten Blutspuren
begleitet. Boris Nikolajewitsch Jelzin hatte eigentlich durchaus
passable Voraussetzungen, nachdem er als erster demokratisch
gewähltes Staatsoberhaupt in der Geschichte Russlands das Amt
übernahm. Der Bauernsohn aus dem Ural wuchs neben zwei
Geschwistern auf. Schon in den Kinderjahren hatte Jelzin eine
einschneidende Erfahrung erlebt. Während der Zeit des Zweiten
Weltkrieges stahl der junge Jelzin eine Handgranate aus einem
Munitionsdepot. Beim Auseinandernehmen der Granate explo-
dierte sie und verletzte ihn so sehr, dass ihm der Zeigefinger und
der Daumen amputiert werden mussten. Später studierte er am
Polytechnischen Institut des Urals in Swerdlowsk und schloss
es mit dem Diplom Bauingenieur ab. Aus der Ehe mit seiner

---

28 Ryschkow Nikolai: Mein Chef Gorbatschow. Die wahre Geschichte
eines Untergangs. Das Neue Berlin. Berlin 2013.
ISBN 978-3-360-02168-7.

Frau Nina Issoifowa Girina sind zwei Töchter hervorgegangen. Jelzin war der erste KPdSU-Politiker, der ausführlich über die Nuklearkatastrophe von Tschernobyl berichtete. Jelzin war bis dahin mit, nach westlichen Maßstäben, menschlichen, humanen Zügen ausgestattet. Dennoch konnte auch er die russische Seele eines Machthabers nicht verbergen. Auch er beschmierte mit zunehmender Amtsdauer seine Hände mit Blut. Seine moralischen Werte und Ansichten sanken mit Zunahme des Alkohol-Konsums stetig.[29] Den furchtbaren Tschetschenienkrieg muss er sich an seine Fahne heften lassen. Woher rühren diese menschenverachtenden Züge der russischen Regierenden, die bei nur wenigen Machthabern der Welt mit einer derartigen Unmenge von Blut verbunden sind? Dieses Staatsoberhaupt hatte doch eine verhältnismäßig normale Kindheit und das Erwachsenwerden erlebt. Keine wesentlichen Anomalitäten zeigt sein Lebensweg auf. Welche Einflüsse führen zur Verrohung der russischen Führer, die diesen Satanismus früher oder später ausleben und zutage bringen?

Katharina die Große oder Stalin, die ihrem Volk das Serum der Grausamkeiten in die DNA indoktriniert haben. Mit dem Jahr 1992 kehren sich die Wesenszüge des Satans und seiner Hexen erstmals noch deutlicher nach außen. Als Anfang der 90er-Jahre Russland Transnistrien angriff und besetzte, nachdem Moldawien unabhängig wurde, zerstörten sie nicht nur die gesamte Wirtschaft des Landes. In dem 20 Monate andauernden Krieg kamen zwischen 364 und 913 russische Soldaten und ihre Söldner ums Leben. Ein unsinniges Blutvergießen, das der Satan ganz allein hinter den goldenen Türen auf dem Blocksberg angeordnet hat. Schüchtern und mit leiser Stimme gab es im Umfeld Kritik, aber nur einmal, dann verstummten sie! Die Kritiker in dieser Zeit zeigen sich nur zaghaft und unterschwellig

---

29 Solowjow, I. Wladimir, Klepikowa, Elena: Der Präsident. Boris Jelzin – Eine politische Biographie. Rowohlt, Berlin 1992. ISBN 3-87134-043-X.

dem Regime gegenüber. Der Satan ist allgegenwärtig, und den Hexen bleibt nichts verborgen. Das Strickmuster der Beileidsbekundung hat sich bis zum heutigen Tage manifestiert. Jeglicher Mut der Kritiker, dagegen anzugehen, wurde, wie die Hexen es nun mal praktizieren, grundlos ausradiert.

Kapitel 7

Neue Besen für die Hexen

Die Lust auf Krieg, auf Streit, auf das Kräftemessen beginnt langsam Fahrt aufzunehmen. Russland provoziert den Krieg in Abchasien. Die Begründung für den Einfall der Truppen in Abchasien war: „Das Banditentum zu bekämpfen und den Schutz der Eisenbahnverbindung sicherzustellen."[30] Am 14. August 1992 zeigt der Satan seine gehörnte Fratze. Russische Flugzeuge bombardieren zivile Ziele in dem von Georgien kontrollierten Gebiet. Militärschiffe werden für den Beschuss vor Suchumi aufgefahren. Der gnadenlose Angriffskrieg gegen den hoffnungslos unterlegenen Gegner endet nach nur fünf Tagen mit der Trennung Abchasiens von Georgien.[31] Obwohl der Krieg nur wenige Tage andauerde, wurden rund 10.000 Menschen, davon waren mehr als die Hälfte Zivilisten, die von Russland unterstütztem Abchasien getötet.[32] Tod und Vernichtung sind die Nahrung der Satanisten. Mit jeder Leiche, mit jedem Liter Blut wächst die Überheblichkeit und Arroganz der Bestien im Kreml. Rasant entwickelt sich das Selbstbewusstsein des Diktators in beängstigender Art und Weise. Die Hexen vermehren sich wie das Rudel einer Wildschweinrotte, und sie suhlen sich im Schatten des Satans. Die Welt schaut hin und wieder weg – als berührt es sie nicht. Die Anzeichen eines sich langsam anschleichenden Krebsgeschwürs, das eigentlich sofort operativ

---

30 Kokeev, Alexander. Der Kampf um das Goldene Vlies. Zum Konflikt zwischen Georgien und Abchasien. Oktober 1993. S. 14. ISBN 3-928965-31-x.
31 Quelle: Landeszentrale für politische Bildung Baden-Württemberg. Kaukasus-Konflikt (Archiv).
32 Quelle: Servicestelle Friedensbildung Baden-Württemberg > Länder-Konflikte > Georgien. Abgerufen am: 16.02.2024.

entfernt werden müsste, damit es sich nicht weiter ausweitet, bleiben aus. Eine Chemo wäre das Mindeste für eine Heilung gewesen, um den Stopp an Satanismus zu ermöglichen. Die Anwendung von Gift ist nicht neu und dem Erkrankten bekannt. Das Kräftemessen, das Spiel mit Leben und Tod, mit Mord und Totschlag nimmt jetzt Gestalt an. Der erste Tschetschenienkrieg begann am 11. Dezember 1994, als ca. 40.000 russische Soldaten einmarschierten. Der Kreml hatte größtenteils junge, kaum ausgebildete Wehrpflichtige in den Krieg geschickt, in den tschetschenischen „Fleischwolf", wie es in der Presse hieß. Russland unterstützte andere Nationen dabei, ihre eigene Souveränität zu verlieren und verstärkte auch separatistische Gefühle. Doch als das tschetschenische Volk versuchte, Unabhängigkeit von Russland zu erlangen, kam es zu einem brutalen Krieg. Die Operation wurde mit einem zerstörerischen Kampf um die Stadt Grosnyj beendet. Der zweijährige Krieg zwischen föderalen und tschetschenischen Truppen hat zirka 450.000 Menschen aus ihrer Heimat vertrieben. Das entspricht etwa einem Drittel der Gesamtbevölkerung Tschetscheniens. Die Opferzahlen dieses ersten Krieges werden laut Uwe Hallbach auf 35.000 bis 100.000 geschätzt.[33]

Am Silvestertag 1999 ein Paukenschlag im Kreml. Boris Jelzin, amtierender russischer Präsident, erklärt überraschend seinen Rücktritt. Sein Nachfolger wird der damalige Ministerpräsident und Handlager Wladimir Wladimirowitsch Putin.[34] Wer glaubt, das grausame Morden und die Kriegsmanie enden nun, hat sich gründlich verrechnet. Der Schüler im Hintergrund tritt jetzt auf die Bühne des Kremls und schart seine Hexen still, heimlich und leise um sich. Ein Musterbeispiel der Menschenverachtung

---

33 Quelle: Landeszentrale für politische Bildung Baden-Württemberg. Infoportal östliches Europa. Abgerufen am: 07.01.2024.

34 Quelle: https://avdlswr-a.akamaihd.net/swr/swr2/wissen/archivradio/archivradio/2022/03/wladimir-putin-wie-ard-moskau-den-frisch-gewaehlten-praesidenten-einschaetzt.m.mp3. abgerufen am: 26.02.2024.

ist die Beisetzung des ehemaligen ersten Staatspräsidenten des postsowjetischen Russlands! Erst in späteren Jahren wurde auf dem Friedhof Neujungfrauenklosters, auf Veranlassung seiner Witwe, ein monumentaler Gedenkstein in den russischen Nationalfarben am Hauptweg aufgestellt. Lediglich eine Schweigeminute hat man ihm zugestanden, denn den Zerstörer des Vaterlandes wird man niemals ehren. Die KP-Fraktion im russischen Parlament verweigerte eiskalt, am Tag der Beisetzung Jelzins, eine Schweigeminute.[35]

Russische Denk- und Handlungsweise. Der fast schon ausgereifte Satan und seine Hexen kennen kein Mitleid. Jetzt läuft die Todesmaschinerie unaufhaltsam an.

Hat der tschetschenische Krieg nicht schon genügend Opfer abverlangt, fängt der Satan nun erneut 1999 einen Krieg mit Tschetschenien an. Die erste Phase der Auseinandersetzung dauerte nur bis ins Frühjahr 2000. Doch damit nicht genug. In den nächsten 9 Jahren führten russische Spezialeinheiten einen Krieg gegen die aufständische Bewegung im Nordkaukasus. Unzählige Tote, Verwundete und verstümmelte Soldaten fielen dieser Operation auf beiden Seiten zum Opfer. Ein paar zaghafte Stimmen erhoben sich im Westen, ansonsten: „Business as usual." Lasst die Hexen fliegen, der Satan ist weit, weit weg.

Die Journalistin mit ukrainischen Wurzeln, Anna Politkowska, schrieb ein Buch über diesen Krieg. Sie wurde 2006 – genau an Putins Geburtstag – ermordet. Ein Saal des Europäischen Parlaments in Brüssel wurde nach ihr benannt – welch eine Ironie. Offiziellen Angaben zufolge verlor die russische Armee in zehn Kriegsjahren etwa 7.300 Soldaten und Söldner, während die Union der Soldatenmütter mehr als doppelt so viele Tote beklagt.

---

35 https://www.google.de/wikipedia.org/wiki/Boris_Nikolajewitsch_Jelzin. Tod und Beisetzung. Abgerufen am: 10.10.2023.

Kapitel 8

Der lupenreine Demokrat im Wandel

Mit dem neuen Machthaber im Kreml beginnt eine neue Ära im Satanisten-Land. Nichts ist mehr so, wie es war. Kein Stein bleibt auf dem anderen. Ein schleichender Prozess der Veränderung beginnt, der von den russischen Bürgern eigentlich nicht wahrgenommen wird. Es ist eine beeindruckende Meisterleistung der Rhetorik, mit wenigen Worten und einigen patriotischen Floskeln ein Volk zu manipulieren. Den Glauben an das Gute in die Volksköpfe zu indoktrinieren, dass nur noch das Hurra, Hurra, Hurra über den Roten Platz schallt, ist feinste Manipulationskunst. Die Russen sind begeistert, und solange die Seife aus dem Westen noch in ihre Badezimmer geliefert wird, gehen sie auch weiterhin unbekümmert ihres Weges. Einen kleinen Kreis schart der einsame Alleinherrscher jedoch um sich. Er stützt sich auf einen Kreis von Männern, die mindestens so reich wie mysteriös sind. Es sind die Oligarchen mit ihren Megajachten und Luxusvillen und Immobilen, die auf der ganzen Welt anzutreffen sind. Damit baut sich der Autokrat kontinuierlich eine Wagenburg um das Machtzentrum, die auch durch ihn diesen unfassbaren Reichtum erlangen konnte, auf. Sie sind schnell die Schlüsselfiguren im System des Satans. Ihre Loyalität zum Blocksberg ist grenzenlos. Mit Öl, Gas und Bankgeschäften und anderen Milliardenressourcen wird diesem Personenkreis jeglicher Widerspruch verboten. Wer nur laut denkt, ist raus – und drinnen in der Einzelhaft! Damit werden sie nicht nur die perfekten Handlanger des russischen Staates, sondern der Satan hat ihnen damit auch die Seele aus dem Leib gerissen und sie zu marionettenhaften Hexen verwandelt. Nach außen hin sind diese Stimmen nicht mehr zu hören, nur in der Walpurgisnacht und in den Raunächten, wenn sie sich hinter den Mauern des Kremls treffen, dort werden die Hexen eingeschworen und auf neue Gräueltaten eingestimmt. Um diese Zustimmung zu erwirken, sind Daumenschrauben oder der Gespickte Hase nicht mehr notwendig. Aufkommende Kritik, Widerstand, Skepsis gibt es nicht, dafür gibt es Wodka und Dollarmilliarden. Neuzeitliche Foltermethoden aus Moskau! Es gibt sie schon, die Verweigerer, die Gegner des Regimes. Aber die sind längst verschwunden, leben in England oder haben sich irgendwo an einem relativ sicheren Ort der Welt versteckt. Aus dieser Deckung heraus gibt es durchaus Kritik und Ablehnung. Die Wirkung jedoch ist bisher ausgeblieben. Keine Gefahr für den allmächtigen Diktator. Zufrieden und mit allen Freiheiten ausgestattet, lässt er erneut legitimiert seine Hexen wüten. Am 8. August 2008 wird Georgien zum nächsten Schlachtfeld. Der Grund des Angriffs war ganz simpel: „Schutz der Bevölkerung." Eine ganz einfache Formel, die er als Meister der Manipulation beherrscht und erfolgreich anwendet. Innerhalb von fünf Tagen führten russische Flugzeuge mehr als 100 Angriffe auf die georgischen Städte durch. Bomben wurden auf ziviles Gebiet geworfen, wodurch unschuldige Menschen reihenweise starben oder verletzt wurden. Seitdem ist Südossetien eine nicht anerkannte Republik unter russischer Herrschaft.

In den 6 Kriegstagen kamen 170 russische Soldaten ums Leben. Die Anzahl der Toten und Verletzten der Zivilbevölkerung ist bis heute nicht bekannt – es waren wohl mehrere Tausend zu beklagen. Und kaum waren der Gefechtslärm und das Donnern der Kanonen verstummt, kommt eine neue Marionette zu den Satanisten auf den „Satans-Hügel" zugeflogen. Ein gewisser Bashar al-Assad ist auf seinem Besen angeflogen und direkt bei seinem Diktatorenfreund gelandet. Was für eine Freude, die sich schnell auf dem Blocksberg verbreitet. Endlich wieder Krieg machen zu dürfen. Sofort werden alle Mikrophone aufgebaut, die die Welt über den Hilferuf des Diktators aus Syrien verkünden. Der Satan spricht mit wechselnder Mimik, zwischen todernst und mit hämischem Grinsen.

Er erklärt der Welt die Wichtigkeit, der neuen Mission in Syrien gegen das abtrünnige syrische Volk seine militärische Unterstützung anzubieten. Selbstlos und ohne jeglichen Hintergedanken sieht er sich mit militärischer Unterstützung als „Friedensstifter"!

Die Unterstützung Anfang 2015 des bereits dem Untergang geweihten Assad kostete Millionen von Menschenleben, die durch
russische Waffen, Luftangriffe und russische Truppen verschuldet
worden sind. Diese russische Unterstützung im letzten Moment
verhalf Assad zur militärischen Überlegenheit über die Rebellen
zum Ende des Jahres 2017. Die Unterstützung der Satanisten aus
Moskau hält bis heute an. Als wäre es dem Diktator noch nicht
genug, heckt der Moskauer Satan einen neuen Kriegsschauplatz
aus. Im Frühjahr 2014 annektierte Russland die Krim und versuchte, die sogenannten „Volksrepubliken" im Osten, Süden und
Zentrum der Ukraine zu schaffen.

Im internen Zirkel der russischen Machtzentrale geht man
von einer strategischen Meisterleistung aus, die der Diktator von
langer Hand geplant und jetzt den Startschuss zur Umsetzung
dazu gegeben hat. Der erste Bewunderer in der demokratischen,
westlichen Welt war gerade dabei, Amerika wieder „great again" zu
machen. Er sprach nur von Bewunderung und Respekt gegenüber
seinem Despoten-Kollegen und dem genialen Annektierungsplan.
Er lobte besonders seine Klugheit, Mut und Stärke. Alle anderen
westlichen Führer sahen sich lediglich als Zaungast und duckten
sich schnell weg. Die Krim, wo ist die eigentlich? Weit weg – hat
mit uns doch nichts zu tun. Was kostete in dieser Phase der Annektierung der Krim eigentlich ein Barel Öl und der Kubikmeter Gas
aus dem Riesenreich? Deshalb hat der Satan lediglich leise Kritik
und einige erhobene Zeigefinger hinnehmen müssen. Die Verniedli-
chung zur Annektierung der Krim war so ironisch wie plump
und dennoch äußerst wirkungsvoll gegenüber seinen Kritikern.

Das Brüderchen wieder nach Hause holen! Eine einfache,
simple und doch brillante Formulierung. Nach der Besetzung
der Krim verkündete der Satanist am 18. März 2014 ihren An-
schluss an die Russische Föderation.[36] Dieser Eingriff in das

---

36 Quelle: https://www.google.de/www.bpb.de/kurz-knapp/
hintergrund-aktuell/287565/18-maerz-2014-russlands-annexion-
der-krim. Abgerufen am: 18.02.2024.

Völkerrecht war der Auslöser eines sich anbahnenden Konfliktes, der sich erst im Laufe der folgenden Jahre als eine Zerreiß-
probe für die die gesamte westliche Welt herausstellen sollte.
Klug, besonnen, sorgfältig wie ein Chirurg verleibt er sich die
Halbinsel Krim ein. Seine Gefolgsleute bleiben stumm vor
Erstaunen, wie genial der Satan einmal wieder seine Pläne in
die Tat umgesetzt hat. Eine ARD-Journalistin traf eine junge
Mutter, die die Annektierung ihrer Heimat am eigenen Leib
erfuhr. Die 27-Jährige drückt der kleinen Tochter ihr Handy
in die Hand und schaltet eine Kinderserie ein. Dann beginnt
sie zu erzählen von dem Tag vor zwei Jahren, der ihr Leben
immer verändern sollte.

„Sie haben meinen Ehemann mitgenommen. Sie waren zu
siebt, kamen in Haus, haben die Kinder zu mir ins Zimmer geschickt. Und dann habe ich nur noch Schreie und Schläge gehört. Sie haben ihn sehr schlimm gefoltert."[37]

Die junge Familie lebt damals, zu Beginn des russischen
Angriffskrieges, noch in einem kleinen Dorf im Süden der Uk-
raine – nur wenige Kilometer von der annektierten Halbinsel
Krim entfernt, direkt am Meer. Die russischen Besatzer warfen
Abdurachmanowas Ehemann vor, Mitglied in einem krimtata-
rischen Bataillon gewesen zu sein.

Die muslimische Minderheit, der die Familie angehört, steht
besonders im Fokus der russischen Behörden.

„Wir hatten keine Gelegenheit, etwas zu fragen. Der ganze Raum war voller Blut", sagt sie. „Sie haben seine Hände mit
Klebeband gefesselt, ihm einen Sack über den Kopf gezogen,
alles mit Klebeband zugeschnürt und ihn ins Auto geworfen.
Nach drei oder vier Tagen bekamen wir einen Anruf vom FSB,
dass er dort ist."

---

37 Quelle: https://www.google.de/daserste.de/information/
politikweltgeschehen/weltspiegel/sendung/ndr/2014/krim-104
Abgerufen am 20.02.2024.

Eine Vorgehensweise, wie sie zur Zeit der Hexen-Verfolgung – in Köln, in Bamberg, im gesamten Reich Deutscher Nationen, stattfand. Nur mit dem Unterschied, dass eine Folter, eine Exekution, ohne vorher eine Befragung vorzunehmen, ein Protokoll zu führen und anschließend ein Urteil zu sprechen, unüblich war. Erbarmungslos, rücksichtslos, und das oft vor den Augen der Kinder, die dieses menschenverachtende Vorgehen mit ansehen mussten. Wie gewaltig muss sich bei den Augenzeugen der Hass, der Racheschwur entwickelt haben, vermutlich war in diesem Moment der Schrei so laut, dass er bis in den Himmel schallte. Diese grenzenlose Rachelust, die nie erlöschen wird, entzündet irgendwann einen neuen, noch erbarmungsloseren Konflikt, den wir heute noch nicht erahnen können. Dieses erbarmungslose Vorgehen praktizierten die Blockbergshexen mit zunehmender Dauer noch unmenschlicher und noch viel grauenvoller. Die Einnahme der Krim war die Generalprobe – es war erst der Anfang.

Abdurachmanowas Ehemann ist einer von schätzungsweise Hunderten ukrainischen Zivilisten, die aus dem Süden des Landes gewaltsam auf die Krim gebracht wurden. Wie viele Menschen in den seit 2022 besetzten Gebieten insgesamt verschleppt und inhaftiert wurden, sei kaum zu ermitteln, sagt eine ARD-Journalistin.

Die Menschen würden im russischen Gefängnissystem verschwinden, von der Außenwelt abgeschnitten: „Wenn sich Verwandte, Anwälte, das Rote Kreuz oder die ukrainischen Behörden einschalten, bestätigen die russischen Behörden die Inhaftierung der gesuchten Person nicht. Sie haben keinen Anwalt", sagt sie. „Sie wurden in Cherson, Oleschky oder Melitopol entführt, aber sind offiziell auch nicht in Simferopol. Formal existieren sie gar nicht." Über zivile Gefangene ist in der Genfer Konvention nichts festgehalten. Man ist nicht davon ausgegangen, dass ein Land im Krieg einfach Abertausende Zivilisten festhalten wird. Faride Abdurachmanowas Ehemann ist mittlerweile in ein Gefängnis in Russland verlegt worden. So viel ist der Familie bekannt. Für die Kinder versucht sie, stark zu bleiben, sagt sie, und sie hofft jeden Tag, dass ihr Ehemann freigelassen wird. Auch wenn das an ein Wunder grenzen würde.

Kapitel 9

Verfolgung kennt keine Skrupel und Grenzen

Kritik am Satan auf dem „Kremlberg" bedeutet Inhaftierung oder den sicheren Tod. Eine Reihe russischer Persönlichkeiten wagte es, gegen den mittlerweile aufgestiegenen Alleinherrscher Kritik zu üben. Im April 2003 beginnt eine Welle an Mordanschlägen, die vom ersten Opfer bis heute eine eindeutige Handschrift erkennen lässt. Kalt, unbarmherzig, rücksichtslos, skrupellos werden die Kremlbefehle umgesetzt.

Im April 2003 werden erstmals Auftrags-Morde an Regimekritiker öffentlich. Der frühere russische Informationsminister und Co-Vorsitzende der Partei „Liberales Russland" und Putin-Gegner Sergej Juschenkow wird vor seinem Haus in Moskau durch mehrere Schüsse in die Brust ermordet, der Mord nie aufgeklärt. Juschenkow war Mitglied im Geheimdienstausschuss der Staatsduma und einer der schärfsten Kritiker des Tschetschenienkrieges und der KGB-Nachfolgeorganisation FSB. Er ist der zweite Politiker der liberalen Partei, der einem Attentat zum Opfer fällt. Bereits im August 2002 wurde Wladimir Golowljow erschossen, als er seinen Hund spazieren führte. In solchen Fällen geschieht nur die direkte Exekution. Auf Verhöre, Folter, das Zufügen von unmenschlichen Qualen wird nun verzichtet. Die unmittelbare Exekution ohne Rücksicht auf Verluste ist die Devise der Stunde. Die Menschenwürde – das Recht auf einen fairen Prozess – ist in der russischen Verfassung geschwärzt. Das Gesetz ist jetzt nur noch in einer Person präsent. Der allmächtige Wladimir Putin.

Im Juli 2003 trifft es den Journalisten Juri Schtschekotschichin der Nowaja Gaseta, der in den späten 1990er-Jahren Abgeordneter der Opposition in der Staatsduma war und die Korruption und das organisierte Verbrechen in Russland anprangerte. Er stirbt einen wochenlangen, qualvollen Tod durch eine mysteriöse Vergiftung. Die Haut trennt sich vom Körper, ein Organ nach dem anderen versagt. Russische Behörden verweigern die Autopsie seiner Leiche, die Krankenakte verschwindet. Die Untersuchung einer Hautprobe in London deutet später auf das giftige Schwermetall Thallium hin, das der sowjetische Geheimdienst KGB bevorzugt einsetzte. Der Satan ist bestürzt – russisches Blut auf so eine bestialische Art und Weise ums Leben zu bringen, muss geahndet werden. Die Polizei wird den Mord lückenlos aufklären – so das Wort des mächtigen Mannes. Wer zu diesem Zeitpunkt geglaubt hat, dass die Worte einmalig waren, hat sich mal wieder getäuscht. In den folgenden Jahrzehnten gehört diese Redewendung zum Standardsatz seiner exzellenten Rhetorik. Wie sich doch die Sätze gegenüber dem Kläger wiederholen. Der Despot muss ein wirklicher Kenner der Geschichte sein.

Die regierungskritische Journalistin der Nowaja Gaseta, Anna Stepanowna Polititkowskaja, die 2004 vermutlich im Flugzeug auch mit einer Tasse Tee vergiftet werden sollte, wird im Aufzug ihres Hauses durch fünf Kugeln in Brust und Kopf getötet. Ob der Auftragsmord reiner Zufall war oder doch genau geplant, bleibt ungeklärt. Jedenfalls ist der Tag der Tat auch der Geburtstag vom Satan auf dem Blocksberg, es ist der 7. Oktober 2006. Politkowskaja galt als moralische Anwältin Tschetscheniens und hatte sowohl die dortigen Zustände als auch die Kriegsverbrechen der russischen Armee kritisiert. Fünf mutmaßlich Beteiligte erhielten lange Haftstrafen, die Hintermänner sind bis heute nicht gefunden. Die offiziell verurteilten Handlanger werden zum Haupteingang der Gefangenenlager, öffentlich wirksam, hineingeführt und in der gleichen Stunde zum Hinterausgang wieder in die Freiheit entlassen. Häufig stehen diese Personen unter besonderen Schutz und haben in Zukunft nichts zu befürchten, im Gegenteil – in Kremlkreisen genießen sie sogar ein gewisses Ansehen. Vielleicht werden sie noch einmal gebraucht.

Offensichtlich ist die Vergiftung ein probates Mittel, die Gegner zu exekutieren. Eine Vergiftung ist nicht einfach nachweisbar. Eine neue Grausamkeit, die in der Zeit der Hexenverfolgung wohl noch nicht bekannt war.

Der ehemalige Geheimdienstmitarbeiter Alexander Walterowitsch Litwinenko und spätere Überläufer und Putin-Gegner erliegt in einem Londoner Krankenhaus qualvoll einer Vergiftung mit dem radioaktiven Stoff Polonium-210. In seinem Buch „Der FSB sprengt Russland" hatte er dem Geheimdienst vorgeworfen, Explosionen von Wohnhäusern im Jahr 1999 wie auch einige andere Terroranschläge in Russland organisiert zu haben, um den Krieg in Tschetschenien zu rechtfertigen und Wladimir Putin an die Macht zu bringen. An einer Hotelbar soll Litwinenko das Gift in den Tee gemischt worden sein. Niemand kommt für die Tat hinter Gitter.

Ohne Skrupel und schlechtes Gewissen geht die Mordwelle unbehelligt weiter. Im Januar 2009 erwischt es den Nationalisten Stanislaw Markelow. Der Menschenrechtsanwalt und Memorial-Mitarbeiter wird auf offener Straße in Moskau mit einem Kopfschuss getötet. Markelow hatte tschetschenische Familien vertreten, deren Angehörige Opfer von Menschenrechtsverletzungen geworden waren und die rechtsradikale Szene ausgeleuchtet. Bei dem Anschlag kommt auch die Journalistin der oppositionellen Zeitung Nowaja Gaseta, Baburowa, ums Leben. Die Täter stammen aus einer faschistischen Organisation. Ob es sich um einen Auftragsmord handelt, bleibt ungeklärt.

Im Juli 2009 gerät Natalja Estemirowa ins Visier der Auftragsmörder.

Die Historikerin und damalige Leiterin der Menschenrechtsorganisation Memorial wird vor der Tür ihres Hauses in der tschetschenischen Hauptstadt Grosny entführt und wenige Stunden später in der Nachbarrepublik Inguschetien in einem Straßengraben mit mehreren Kopf- und Brustschüssen tot aufgefunden. Estemirowa hatte russische Sicherheitskräfte und die berüchtigten Todeskommandos des kremltreuen Republikchefs Ramsan Kadyrow für Entführungen und Rechtsverletzungen verantwortlich gemacht. Die Untersuchung des Mords verlief ohne Ergebnis.

Offensichtlich ist es im Kreml etwas zu „heiß" geworden. Der Satanist musste sich immer wieder, zumindest in den demokratisch orientierten Ländern, versteckte Kritik zu den ungeklärten Mordfällen anhören. Deshalb ist zu vermuten, dass zunächst eine unauffälligere Methode zur Exekution angewendet worden ist. Öffentliche Mordanschläge sind, bis in das Jahr 2015, keine weiteren mehr bekannt geworden.

Der Mord auf einer gut befahrenen Straße nahe dem Kreml in Moskau zeigt jedoch die neu aufkeimende Skrupellosigkeit der Machthaber gegenüber Andersdenkenden.

Im Februar 2015 zeigt sich unverhohlen das Gesicht des Hasses.

Der frühere Vizeministerpräsident der Russischen Föderation unter Boris Jelzin und prominente Putin-Kritiker Boris Nemzow geht mit seiner Freundin auf der Großen Moskwa-Brücke im Zentrum Moskaus nach Hause, als ein Auto mit vier Insassen kurz hinter ihm anhält und Nemzow mit vier Kugeln in Rücken und Hinterkopf erschossen wird. Drei Stunden zuvor hatte er in einer Radiosendung Wladimir Putin erneut scharf kritisiert. 2017 werden drei Tschetschenen zu langjährigen Haftstrafen verurteilt, Auftraggeber und Motiv sind bis heute unklar.

Ein Wechsel in der Tötungsmethode, nämlich die Vergiftung durch das bewährte Nervengift, widerfährt Sergej Skripal im März 2018. Der russische Doppelagent Skripal und seine Tochter Julia werden bewusstlos auf einer Parkbank in Skripals Wohnort Salisbury in Großbritannien gefunden. Beide überleben den Anschlag mit dem Nervengift Nowitschok, im Gegensatz zu der Britin Dawn Sturgess, die ebenfalls mit dem Nervengift in Berührung kommt. Die britische Polizei geht davon aus, dass das Gift als klebrige Substanz auf der Türklinke verteilt wurde.

Noch im gleichen Jahr überlebt der russische Künstler Pjotr Wersilow nach Vergiftungssymptomen nicht.

Der Pussy-Riot-Aktivist klagt nach einem Gerichtstermin in Moskau über Seh-, Sprech- und Bewegungsstörungen. Beim Finale der Fußball-Weltmeisterschaft 2018 in Moskau war Wersilow auf das Spielfeld gerannt, um auf die Polizeigewalt im Land aufmerksam zu machen. Später wird auch er in der Berliner Charité behandelt, deren Ärzte eine Vergiftung für wahrscheinlich halten. Eine offizielle Untersuchung des Falls fand, wie in nahezu allen Fällen, nie statt.

Im darauffolgenden Jahr 2019 wird Gift als Tötungsmittel angewendet. Der Dichter und Satiriker Bykow, der Wladimir Putin gerne scharfzüngig in Versform kritisiert, ist auf einer Lesereise in Sibirien, als auch ihm im Flugzeug schlecht wird. Aus bis heute ungeklärten Gründen liegt er fünf Tage im Koma und muss künstlich beatmet werden.

Präsent waren dieselben Geheimdienstmitarbeiter, die auch beim Giftanschlag auf Nawalny mitgewirkt haben sollen.

Die Mörder aus dem Kreml werden immer dreister. Sie morden jetzt nicht nur im eigenen Land, sondern ganz unverfroren auch auf deutschem Boden, mitten in Berlin am Tiergarten. Selimchan Changoschwili, ein Georgier tschetschenischer Herkunft, der einst im Kaukasus gegen die Russen gekämpft hat, wird von einem Auftragsmörder am helllichten Tag in der deutschen Hauptstadt mit drei Kugeln in Kopf und Rücken erschossen. Der Täter, der russische Geheimdienstmitarbeiter Wadim Krassikow, wird noch am Tatort festgenommenen und zwei Jahre später zu einer lebenslangen Freiheitsstrafe verurteilt.

Scheinbar will der Kreml nicht gleich jegliche Aufmerksamkeit auf sich ziehen und greift in die Trickkiste seiner Mordmethoden. Diese Art, wirkungsvoll zu töten, zeigt den Satanisten am Beispiel, welche Wirkung der Prager Fenstersturz bewirkt hat – es war der Auslöser zum Beginn des 30-jährigen Krieges.

Der Vorstandschef des russischen Ölkonzerns Lukoil kommt beim Sturz aus dem sechsten Stock eines Moskauer Krankenhauses im September 2022 ums Leben. Die Polizei geht von einem Suizid aus, bei Maganow sei in der Klinik neben Herzproblemen eine Depression diagnostiziert worden.

Der russische Ölriese Lukoil hatte als erstes großes russisches Unternehmen ein Ende des Krieges in der Ukraine gefordert. Maganow ist nicht der erste mysteriöse Todesfall bei Lukoil seit Ausbruch des Krieges – der Manager Alexander Subbotin soll bei einer okkulten Behandlung gegen Alkoholsucht ums Leben gekommen sein.

Einer der bekanntesten Männer im russischen Reich war Jwegeni Prigoschin. Bei diesem Mordanschlag im August 2023 hat sich der Satanist eine besonders spektakuläre Methode, einen Kritiker aus dem Wege zu räumen, einfallen lassen.

Prigoschin, Chef der Söldnertruppe Wagner, stirbt laut russischen Behörden bei einem Flugzeugabsturz am 23. August 2023 auf halber Strecke zwischen Moskau und St. Petersburg im Gebiet Twer, Ursache bislang ungeklärt. Allerdings gehen weite Teile der russischen Öffentlichkeit wie auch westliche Regierungen davon aus, dass der Privatjet des 62-jährigen Prigoschin gezielt zum Absturz gebracht wurde. Alle zehn Insassen an Bord der Maschine kommen laut Behörden ums Leben, darunter auch Prigoschins Stellvertreter und Mitbegründer der Wagner-Gruppe, Dmitri Utkin, sowie weitere Wagner-Vertreter. Prigoschin war der Kopf der von ihm gegründeten Privatarmee Wagner und im späteren Verlauf ein vehementer Kritiker der russischen Militärführung im Angriffskrieg gegen die Ukraine. Ende Juni 2023 hatte Prigoschin eine bewaffnete Meuterei gegen Russlands militärische Führung angezettelt und die Militärzentrale in Rostow am Don besetzt. Die Meuterei wurde jedoch nach rund einem Tag beendet. Putin nannte ihn einen „Verräter", zu einem Showdown kam es allerdings nicht. Spätestens seit dem Kurzaufstand gab es jedoch Spekulationen über einen baldigen Tod Prigoschins.

Jewgeni Wiktorowitsch Prigoschin war nicht irgendein Getreuer des Kremls – Prigoschin war mehr. Noch zur Sowjetzeit saß Prigoschin als Krimineller viele Jahre in Haft. Diebstahl, Raubüberfälle, Wohnungseinbrüche, Prostitution Minderjähriger und andere Delikte pflastern seine Vita. Erst nach seiner Entlassung 1990 begann seine beeindruckende, steile Karriere. Seine erste seriöse Tätigkeit war die als Hotdog-Verkäufer, wo er kurze Zeit später bereits zum Betreiber eines Edelrestaurants in Sankt Petersburg aufstieg. Dieses Restaurant war jetzt der Treffpunkt des nationalen und auch internationalen Politik-

Etablissements. Wladimir Putin, Jacques Chirac und andere Politgrößen gaben sich die Klinke in die Hand. Wladimir Putin wurde schnell zum Freund, zumal die Vermutung bestand, dass Putin ihn schon aus früheren Zeiten kannte. Prigoschin entwickelte rasch ein Firmengeflecht, dessen Anteile zwischen seinen Familienmitgliedern hin und her geschoben wurden, sodass die Geschäfte unkontrollierbar geworden waren. Eine weitere Geschäftsidee brachte den Durchbruch ganz nach oben in den Olymp – in den Kreml. Als Essenslieferant an Schulen und Kindergärten in Sankt Petersburg begann er auch, Staatsbankette auszurichten. Er wurde daher auch als „Putins Koch" oder „Der Koch des Kreml" bezeichnet. Wie beeindruckend sich die Karriere dieses Mannes entwickelte, zeigen Recherchen von Journalisten auf. Verschiedene europäische Medien berichteten über geleakte Dokumente, dass eine Medienholding den „Grundstein" für seine Aktivitäten gelegt habe. Damit übte er jetzt enormen Einfluss für Propagandaaktionen aus, um seinen Freund Putin und die gesamte Regierung ins positive Licht zu rücken. Eine Reihe skurriler Aktionen folgte im Laufe der Zeit, wie die Einmischung in die Präsidentschaftswahl in den Vereinigten Staaten 2016. Den Höhepunkt erreichte Prigoschin mit der Schaffung eines privaten Sicherheits-und Militär-Unternehmens. Seit dem Krieg in der Ukraine trat er öffentlich als Kopf der Organisation auf. Auf dem Gipfel seiner Karriere fühlte er sich mittlerweile unantastbar und kritisierte heftig die Militärführung des russischen Verteidigungsministers Sergei Schoigu.

Jetzt griff er nach den Sternen, und auch die enge Freundschaft zu Putin hinderte ihn nicht daran, einen bewaffneten Aufstand gegen die russische Militärführung anzufachen. In den frühen Morgenstunden des 24. Juni 2023 marschierte er in die Stadt Rostow am Don ein und besetzte die dortige Militäreinrichtung. Der Despot im Kreml zeigte in diesen Stunden Schwäche, Unsicherheit, kurzzeitig Ratlosigkeit, die er mit einer Fernsehansprache an die Bevölkerung zu kaschieren versuchte. Er sprach von Hochverrat. Offensichtlich war es aber durch die Vermittlung eines anderen Despoten namens Lukaschenko, dem belarussischen Präsidenten, gelungen, zu vermitteln. Der Aufstand wurde abgebrochen und Prigoschin Straffreiheit zugesichert.

Der Aggressor im Kreml musste erstmals erleben, vorgeführt zu werden. Erstmalig vor dem russischen Volk die Kontrolle zu verlieren. Allerdings nur für einen kurzen Moment, zumal das Todesurteil mit der Zusage der Straffreiheit schon in diesem Moment bereits feststand.

Die Exekution Prigoschins war wie das Finale einer Wagner-Oper im Bayreuther Festspielhaus. Spektakulär und sichtbar für die gesamte Welt. Damit fand nicht nur Putins Intimfreund den Tod, sondern seine gesamte Entourage stürzte mit einem Flugzeug ab.[38]

Der Satan inszenierte mal wieder seine Macht, seine Stärke, seinen unbeugsamen Willen, Herr des russischen Reiches, Herr der Hexen zu sein und zu bleiben.

Das Jahr 2024 ist noch jung, doch jetzt werden die Gegner der „Raunächte" gnadenlos und ohne Hemmungen der Veranlasser beseitigt. Die Welt darf live dabei sein. Häppchenweise werden jetzt die Medien mit sogar schon im Vorfeld drohender Exekution gefüttert – das Volk wird sozusagen darauf vorbereitet. Die Angst wird damit in der Bevölkerung noch mal erhöht, wie der Druck in einem Schnellkochtopf. Perfide, pervers, skrupellos, abscheulich. Kein Mensch der Welt kann sich dagegenstemmen, kann etwas dagegen ausrichten. Jetzt erst wird die enorme Kraft der „Kremlbestie" deutlich, indem er eine Institution der Opposition knallhart beseitigen lässt.

Im Februar 2024 verstirbt Alexej Nawalny – ein von langer Hand geplanter Tod. Alexej Nawalny ist am 16. Februar in russischer Gefangenschaft gestorben. Angeblich, so berichten es russische Medien, sei der 47-Jährige bei einem sogenannten Spaziergang in einer Strafkolonie in der russischen Polarregion plötzlich zusammengebrochen. Rettungsversuche seien erfolglos

---

38 https://de.wikipedia.org/wiki/Jewgeni_Wiktorowitsch_Prigoschin.

geblieben. Nawalnys Vertraute zweifeln an dieser Darstellung, manche sprechen gar von einer gezielten Tötung. Nawalny wusste, dass sein Leben an einem seidenen Faden hängt, als er aus Berlin in sein Heimatland zurückkehrte. Schon zu dieser Zeit war klar, wie groß die Gefahren für Regimekritiker in Russland sind.

Denn im August 2020 war Putins schärfster Kritiker bereits mit dem chemischen Nervenkampfstoff Nowitschok vergiftet worden. Nawalny fiel auf einem Inlandsflug von Tomsk nach Moskau ins Koma. Weil eine Behandlung im sibirischen Omsk fruchtlos bleibt, wird er schließlich in die Berliner Charité verlegt. Das rettete ihm vorerst das Leben. Kaum genesen, kehrte Nawalny nach Russland zurück, wo er sofort festgenommen und in ein Straflager gesteckt wurde. Ein Dokument, das den Mord an Nawalny anordnet, gibt es natürlich nicht. Lapidar erklärt der russische Strafvollzug, dass der Tod Nawalnys einfach so passiert ist.

Aber nicht genug, denn jetzt schnüffeln die Hexen auch im Umfeld des bei vielen Menschen im Reich des Satans beliebten und äußerst sympathischen Nawalny herum. Leonid Wolkow, ein enger, langjähriger Vertrauter des im Februar verstorbenen Kremlkritikers Alexej Nawalny, wurde am 12. März 2024 vor seinem Haus in der litauischen Hauptstadt Vilnius mit einem Hammer tätlich angegriffen und an Kopf, Arm und Bein schwer verletzt. Wer hinter dem Angriff steckt, ist noch unklar, aber Wolkow selbst beschuldigt den russischen Präsidenten Wladimir Putin, ihn angeordnet zu haben. Die BBC zitiert Wolkow mit den Worten, es sei „ein offensichtlicher, typischer Gangstergruß von Putin, dem Banditen aus St. Petersburg", gewesen. Litauens Außenminister Gabrielius Landsbergis schrieb auf der Social-Media-Plattform X, Ermittlungen zum Aufspüren der Täter seien aufgenommen worden: „Die zuständigen Behörden arbeiten daran. Die Täter werden für ihre Tat zur Rechenschaft gezogen werden." Ob das jemals gelingt, diese Kettenhunde dingfest zu machen, erscheint sehr unwahrscheinlich.

Mit der Tötung des 28-jährigen Maxim Kusminow, einem übergelaufenen russischen Armeehubschrauber-Piloten, geht das immer skrupelloser werdende Morden weiter. Die Hexen fliegen bis in den Süden Spaniens, nach Alicante. In dieser Angelegenheit zeigt der russische Geheimdienst seine beängstigende Qualität und Präzision in einer perfekten Hinrichtung. Geräuschlos, so wie schon die Hexen im Mittelalter, rauschen sie heran, und ab diesem Moment gibt es kein Entrinnen mehr, egal an welchem Ort der Welt. Das schürt Angst. Wer hat nicht Angst vor dem Satan, vor dem Bösen? Genau dieses Instrument, diese Tasten auf dem Klavier, spielen die Satanisten, wohl wissend, dass die Angst und die Einschüchterung den Gegner zermürbt, ihn bis zum Erstarren lähmt. Eine Folter wie eine Waffe, die schärfer nicht sein könnte. Im Falle Kusminow[39] vergehen sechs Tage, bis jemandem der Geduldsfaden reißt. Es sind die Tage zwischen Dienstag, 13. Februar, als in der spanischen Urlaubsregion ein Mann hingerichtet wird, und dem 19. Februar, als öffentlich wird: Der Tote ist der übergelaufene junge russische Armeehubschrauber-Pilot. Sechs Tage lang hatten weder die spanischen Ermittler die Identität des Mordopfers veröffentlicht, noch kam von ukrainischer Seite eine Nachricht über das gewaltsame Ableben des im vergangenen August noch so stolz vorgeführten russischen Deserteurs. Dass Russland Kusminow nach dem Leben trachtete, ist belegt. Bereits im Oktober hatten Angehörige des Militärgeheimdienstes in russischen Medien vollmundig mitgeteilt, Kusminow töten zu wollen. Am Tag nach Bekanntwerden von Kusminows Tod sagte der Direktor des russischen Auslandsgeheimdienstes SWR laut russischen Medien, Kusminow sei eine „moralische Leiche" gewesen, als er sein Verbrechen geplant habe. Die Ukraine bietet potenziellen russischen Überläufern viel Geld – bis zu 920.000 Euro gibt es für Piloten, die sich samt Kampfjet der Ukraine ausliefern. Kusminows Tod ist eine Warnung an potenzielle Nachahmer. Sie können sich nirgendwo sicher fühlen. Der ukrainische Geheimdienst konnte Kusminow, trotz neuer Identität, nicht beschützen. Kiews Ge-

---

39 Quelle: https://www.ntv.de, rog/dpa

heimdienstler wiederum sind düpiert. Aufwändig hatten sie den Seitenwechsel inszeniert und hernach der Weltöffentlichkeit präsentiert. Öffentlich gemacht hat den Mordanschlag dann aber die russische staatliche Nachrichtenagentur TASS.[40] Der Fall ist ein Fingerzeig der Russen, welche Reaktion auf Fahnenflucht steht, auf Verrat folgt die Hinrichtung – wie schon immer in Kriegszeiten. Für den Satan sind Staatsterror und Mord nichts Verwerfliches, sondern ein Zeichen von Stärke – es ist Teil der großen russischen Tradition. Das war doch schon immer so, was der Westen über viele Jahre hinweg ignoriert hat. Ob der Westen nun endlich die Zeichen erkannt hat, bleibt weiterhin fraglich.

---

40 https://press24.net/news/30571193/

Kapitel 10

Der Dämonen sind zurück

Mit Folter, Marter oder Tortur ist das gezielte, geplante Zufügen von psychischem oder physischem Leid verbunden. Den Widerstand eines Opfers zu brechen, das Opfer gefügig zu machen, ist dabei die Absicht.

Die Bundeskanzlerin Angela Merkel ist 2007 zu Besuch im Kreml und trifft den Diktator höchstpersönlich. Ein ZDF-Journalist mutmaßte, dass der Teufel damals die deutsche Bundeskanzlerin einschüchtern wollte. Noch viel mehr steckte hinter dem Vorgang, die schwarze Labradorhündin Koni, nicht angeleint, direkt vor der zitternden deutschen Kanzlerin zu platzieren. Der Satanist wusste ganz genau, dass Angela Merkel panische Angst vor Hunden hatte. Somit musste sie eine Folter ertragen, die peinlicher nicht hätte sein können. Eine Methode, die perfekt ausgeklügelt erschien, zumal ihr ehemaliger außenpolitischer Berater Christoph Heusgen seinen russischen Amtskollegen angerufen und ihm gesagt hat, dass die Kanzlerin dankbar wäre, wenn bei ihrem Besuch kein Hund anwesend wäre. Sie ist einmal gebissen worden, und deshalb möchte sie keine Hunde dabeihaben. Aber nicht nur diese Art moderne Folter hat sich der Despot ausgedacht, sondern ganz deutlich damit seine ungeheure Macht demonstriert. Der Psychiater und Psychotherapeut Clas Heinrich Lammers sagte dazu: „Diese Machtdemonstration hat natürlich auch eine dunkle Seite – nämlich, dass man bewusst mit Gefühlen anderer Menschen spielt und das genießt. Es wirklich genieße, wenn ein anderer Mensch Angst habe oder leide. Und das ist natürlich eine Komponente, die haben zum Glück nicht viele Menschen, sondern dazu muss man diese Kombination aus Kaltherzigkeit, aber auch schon beinahe sadistische Neigung haben – eben andere Menschen gerne leiden zu sehen." Merkel nahm am Ende dieses Erlebnis mit Humor. In einem Interview mit dem Spiegel-Journalisten Alexander Osang erklärte sie damals: „Eine tapfere Bundeskanzlerin muss mit so einem Hund fertig werden. Wenn solche psychologischen Probleme dazu führen, dass man nicht mehr handlungsfähig ist, dann läuft etwas schief." Der Satanist erklärte später in einem Interview, dass er etwas „Nettes" für Merkel tun wollte. Und als er dann herausgefunden habe, dass sie Angst vor Hunden habe – da habe er sich gleich bei ihr entschuldigt. Inzwischen sollte wohl klar sein: Das war eine Lüge. Eines der unverkennbaren Markenzeichen der Despoten. Während der Meister der Verschleierung bisher noch harmlose Methoden der Folter anwendet, ist in der Welt bereits die Folter ein probates Mittel, Menschen gefügig zu machen. Führend auf der Welt ist mit Abstand China.

Die Realität weltweit gesehen ist schockierend. Amnesty International hat in den vergangenen Jahren Misshandlungen in 141 Ländern dokumentiert. In vielen Ländern wird die Folter routinemäßig angewendet, zum Teil noch öffentlich. Diese Methode wird gezielt eingesetzt, um einzuschüchtern, Angst zu erzeugen, Macht und Überlegenheit zu demonstrieren. Der Blick in die USA rechtfertigt dennoch nicht die Methoden wie Waterboarding und ihre Folterpraxis, die, zum Teil aus Guantanamo, der gesamten Welt bis in die Wohnzimmer hinein per TV gezeigt wurde. Was die Menschheit nicht zu sehen bekamen, waren Schläge auf die Hoden, unterirdische Haft in totaler Dunkelheit über einen Zeitraum von bis zu drei Wochen mit Nahrungs- und Schlafentzug, Bedrohung durch Injektionen von Zysten des Hundebandwurms, Beschmieren von Gefangenen mit Exkrementen oder geschnittene kleine Ritzwunden, die mit Salz bestreut werden. Manchmal wurden die Folterungen in Anwesenheit medizinischer Fachleute ausgeführt. Das Opfer sollte ja möglichst die Qualen überleben – einen Toten zu foltern, macht keinen Spaß!

Warum wird diese Art der Misshandlung von Menschen bis in die heutige Zeit angewendet? Offenbar dient die Folter dazu, ein schnelles Geständnis zu erzwingen. Der schnelle Erfolg ist das Ziel, die Wahrheitsfindung bleibt dabei häufig auf der Strecke. Anstatt auf professionelle Ermittlungsmethoden zu setzen, wählen die Sicherheitskräfte den einfachen Weg und setzen auf rohe Gewalt. Die Folge ist abzusehen und zum Teil in den USA sichtbar. Hass, Wut, Misstrauen und Ablehnung gegenüber den Sicherheitskräften. Nicht verwunderlich, wenn sich teilweise Initiativen gründen und sich gegen die offiziellen Schutzbehörden auflehnen. Das Spiel mit dem Feuer hat in Amerika bereits erste Revolten gegenüber den Uniformierten ausgelöst. Die Folter als Strafe, aber das Folterverbot ist schon in der „Allgemeinen Erklärung der Menschenrechte von 1948" verabschiedet. Ein Papier ohne Wert. Es hat keine rechtsverbindliche Kraft. Der Versuch, verbindliche Folterverbote zu erlassen, hat nach neuerlicher Überarbeitung auch klare Regelungen hervorgebracht, die eine Folter grundsätzlich verbieten. Trotz klaren Verbotes sind wir weltweit noch meilenweit davon entfernt, sich an diese Vorgaben zu halten. Für das Mutterland der Demokratie, für Amerika, ist Folter als Rechtsmittel für mitteleuropäische Verhältnisse nicht nachvollziehbar.

Kapitel 11

Stunde Null – die Operation beginnt

Am 21. Februar 2022 betritt die russische Armee ukrainisches Terrain. Dieses Datum leitet eine Zeitenwende in der westlichen Welt ein. Nichts ist mehr so, wie es mal war.

Neueste Recherchen in russischen Gefängnissen zeigen gefolterte Personen, die skrupellos öffentlich zur Schau gestellt werden. Die Absicht besteht darin, jede schon im Keim aufkommende Kritik an den Kreml zu ersticken. Der Schauer soll dem Betrachter schon jetzt über den Rücken laufen, sodass Kritik erst überhaupt nicht aufkommt. Ein abgeschnittenes Ohr, Blutergüsse im Gesicht und Plastiktütenfragmente sind deutliche Hinweise auf eine exzessive Folter. In russischen Gefangenenlagern wird häufig die Plastiktüte als Folterinstrument verwendet, indem sie dem Opfer über den Kopf gestülpt wird, um ihm die Atemluft zu nehmen. Diese Tortur wird bis kurz vor dem Erstickungstod mehrmals hintereinander angewendet. Häufig überlebt das Opfer diese Anwendung nicht. Die Sicherheitsbehörden gehen mittlerweile so weit, gezielt und bewusst Bilder mit Opfern öffentlich zu präsentieren. Fragen der Journalisten dazu, sofern überhaupt noch jemand den Mut dazu hat, werden von den Offiziellen mit einem Lächeln abgetan – kein Kommentar. Einmal mehr sitzen die westlichen Vertreter im Raum und verstehen die Welt nicht mehr. Langsam läuft selbst bei den Routiniertesten der berichtenden Zunft der Schauer über den Rücken. Und wieder ein Sieg für den Blocksberg. Die Angst als Waffe zeigt Wirkung. Auch in Russland ist die Folter nicht legal. Nach außen behauptet die russische Führung, nur nach Recht und Gesetz zu handeln. Weit gefehlt! Willkür ist an der Tagesordnung. Es gibt keine Institution der Kontrolle, der Überwachung. Somit ist die Gewaltanwendung schier grenzenlos. Täglich informiert der Politikwissenschaftler Thomas Jäger via TV über die neuesten

Ereignisse aus dem Terrorstaat und stellt ebenfalls fest, dass die Gewaltanwendung der Sicherheitskräfte ins Uferlose abdriftet. Schon der Versuch, sich mit dem Machtapparat anzulegen, zeigt erhebliche Konsequenzen. Jegliche Kritik zum Versagen der Sicherheitskräfte wird sofort mit drakonischen Strafen bedroht. Hört die Welt die Worte des Satanisten, der dem zitternden russischen Volk versichert, dass die Staatsanwaltschaft alles versuchen wird, jedes Unrecht bis ins Detail nach Recht und Gesetz aufzuklären, dann kann man nur noch in tiefe Resignation und Verwunderung verfallen. Und wieder hat der Machthaber seine Untertanen ein Stück tiefer eingeschüchtert. Die Kunst seiner Rhetorik – sie ist eine „Wunderwaffe". Unaufhörlich und schon gebetsmühlenartig veröffentlicht der UNO-Menschenrechtsrat schwerste Verstöße gegen die Menschenrechte. Nur: mit welchen Konsequenzen müssen die Übeltäter rechnen? Schon die ständige Informationsflut bewirkt nicht nur in die russische Gesellschaft hinein, sondern mit der Zeit auch in der westlichen Welt eine gewisse Ermüdung und die Abkehr, sich kritisch mit diesem Thema auseinanderzusetzen. Offensichtlich werden dadurch die Grausamkeiten noch befeuert, denn es gibt trotz mündlicher Anklage und leiser Kritik keinen Richter.

Weltweites Entsetzen lösen die Nachrichten aus Butscha in der Ukraine aus. Ein unvergleichliches Massaker richten russische Einheiten in der Stadt Butscha, einem Vorort von Kiew, an. Ein Kriegsverbrechen nennen es die Medien, doch welcher Begriff ist für dieses Massaker überhaupt trefflich? Unmenschlich, barbarisch, wie wilde Raubtiere verhalten sich die Soldaten der Russischen Föderation. Kaum eine Nation der Welt ist frei von Schuld in ihrer Geschichte. Die Amis in Vietnam oder die Deutschen im Zweiten Weltkrieg waren in ihren Gräueltaten beispiellos. Doch die Rücksicht gegenüber Frauen, Kinder, Zivilisten, ob jung oder alt – das willkürliche Morden kennt jetzt keine Grenzen mehr. War es einfach nur blanker, aufoktroyierter Hass gegenüber den Blutsbrüdern oder reine persönliche Mordlust? Nur ein unabhängiges Gericht wird diese Frage – wenn überhaupt – eines Tages aufklären können. Über die TV-Anstalten waren stündlich Bilder zu sehen, die selbst den Zuschauer in Angst und Schrecken versetzen, und das nur wenige Kilometer vor unserer Haustür. Genau das ist das Strickmuster des Despoten aus dem Kreml: Angst und Schrecken verbreiten – und hinein bis tief in die westlichen Wohnzimmer. Wieder wählt der Satan die Waffe der Angst. Ein Phänomen, das bereits im Mittelalter und der frühen Neuzeit seine volle Wirkung entfaltete. Nur nicht auffallen, kein falscher Blick, Gestik und Mimik bleiben gegenüber Uniformierten starr, dann besteht eine geringe Chance, den Qualen zu entkommen. In Butscha bestand keine Wahlmöglichkeit für die Bürger, den Barbaren zu entkommen. Wer gerade im Wege stand, war nicht mehr zu retten. Wer am Boden lag, aber noch nicht tot war, wurde einfach vom nächsten anrollenden Panzer zerquetscht. Und wie schon Hunderte Jahre vorher wendeten die Peiniger nahezu identische Foltermethoden an. Häufig fanden Mitarbeiter von Human Rights Watch Leichen vor, die mit gefesselten Armen auf dem Rücken mit einem Kopfschuss aus unmittelbarer Nähe getötet wurden. Wie neutrale Beobachter und ausländische Journalisten nach dem Abzug der russischen Bestien aus Butscha einhellig bestätigten. Das Massaker war an Grausamkeit und Unmenschlichkeit nicht zu überbieten und eiskalt organisiert. Nach Listen, die der Geheimdienst offensichtlich erstellt hatte, drangen die russischen Soldaten gezielt in zivile Wohnhäuser ein, mordeten, vergewaltigten und entsorgten die Leichen einfach hinter Hecken im Garten oder hinter Häuserwänden. Dem ukrainischen Geheimdienst sind die Namen der russischen Soldaten bekannt. Heute wissen die Ermittler, dass vom niederen Dienstgrad bis zum Dienstgrad eines Oberst die Soldaten auf Anweisung von Verteidigungsminister Sergei Schoigu gehandelt haben. Eine Methode der Folter, die als Strategie die Neutralisierung des Widerstandes und der Einschüchterung lokaler Bevölkerung zum Ziel hat, um am Ende die Menschen mit den Waffen der Angst an den Rand des Wahnsinns zu treiben. Viele Bürger aus Butscha sind heute hochgradig traumatisiert und werden wohl nie wieder ganz geheilt werden können.

Neu im Konstrukt der russischen Foltermethoden ist die Verdrehung von Fakten und Tatsachen. Als Täter der Gräueltaten wird der Ankläger hingestellt, und der Beklagte ist jetzt das Opfer. Für das russische Volk klingt es plausibel und entspricht der Wahrheit. Warum sollte der Hexendompteur nicht die Wahrheit sagen? Damit wird ein weiteres Feindbild akribisch aufgebaut, um damit die eigenen Untaten zu vertuschen. Diese Art der psychischen Folter zeigt im Westen deutlich Wirkung. Die westlichen Politiker finden keine Antwort auf die Rhetorik aus dem Osten und reagieren spürbar verunsichert. Der Satanist spielt mit seinen Worten wie ein Schachspieler, der Zug um Zug versucht, den gegnerischen König schachmatt zu setzen – nur eben mit dem Spiel der Angst.

Und er weiß ganz genau: Wer Angst hat, macht Fehler, denn die Angst lähmt den Geist. Dazu braucht es keine Panzer und Bomben – nur eine „scharfe Zunge" und eine Portion Skrupel.

Kapitel 12

Die Hydra im Kreml

In vielen Werken der Literatur wird über die Hydra[41] berichtet. Besonders in Verbindung mit dem Dschihadismus wird sie stets als warnendes Beispiel genannt. Eine Hydra ist ein vielköpfiges Ungeheuer, ähnlich einer Schlange der griechischen Mythologie. Wird ein Kopf abgeschlagen, wächst der Nächste gleich nach. Kann die Hydra auch eine Hexe sein? Dazu ist es notwendig, einen Blick tief in das Innere des Landes zu richten, in dem der Thron des Satanisten steht – ein Blick in das Innerste des Kremls. Der Vergleich einer Hydra ist durchaus angebracht, weil die unmittelbaren Handlanger des Hexenmeisters mit Dmitri Medwedew, Sergej Lawrow, Igor Setschin und Alexej Miller und Wladimir Solowjow, unerschütterliche, linientreue Mitstreiter, an seiner Seite stehen. Allesamt sind sie Satanisten. Eine Spezies Mensch, die bereits in der Bibel gedeutet wird.

Satanismus kann nicht leicht definiert werden. Es gibt verschiedene Unterteilungen des Satanismus. Im Gegensatz zu den Christen sind sich Satanisten selbst nicht über ihre fundamentalsten Prinzipien einig. Christen mögen in Meinungen oder Überzeugungen über die Interpretation von bestimmtem Bibelpassagen uneinig sein, aber sie glauben an dieselben fundamentalen Prinzipien. Satanisten streiten sogar über die Existenz von Satan und ob sie ihn oder sich selbst anbeten. Im Grunde sind sie eine verwirrte Gruppe, die durch Lügen miteinander verbunden ist.[42] Im Johannes-Brief steht geschrieben: „Ihr habt den

---

41 Die Hydra ist ein vielköpfiges Ungeheuer der griechischen Mythologie. Wenn sie einen Kopf verliert, wachsen ihr zwei Neue, zudem ist der Kopf in der Mitte unsterblich. Ihr Hauch ist tödlich.
42 https://de.wikipedia.org > wiki > Satanismus.

Teufel zum Vater, und eures Vaters Begierden wollt ihr tun. Der ist ein Mörder von Anfang an und steht nicht in der Wahrheit, denn die Wahrheit ist nicht in ihm. Wenn er die Lüge redet, so redet er aus dem Eigenen; denn er ist ein Lügner und der Vater der Lüge." Sie haben einen „verkehrten Sinn, sodass sie tun, was nicht recht ist, voll von aller Ungerechtigkeit". Menschen, die von Satan hin zu diesem Lebensstil fehlgeleitet werden, haben es schwer, das Konzept von Freiheit zu verstehen, stattdessen leben sie für sich selbst und auf sich selbst gestellt.

Die meisten Satanisten, Teufelsverehrer, Diabolisten, Luziferianer und Mitglieder der Church of Satan behaupten, ihre Wurzeln im LaVeyan-Satanismus zu haben, benannt nach Anton LaVey[43], dem Autor der satanistischen Bibel und Gründer der Church of Satan. LaVey gründete die erste Church of Satan vermutlich 1966. Was alle Zweige des Satanismus gemein haben, ist die Förderung des Selbst. Alle Formen des Satanismus behaupten, dass das Leben existiert, um zu konsumieren, und dass Egoismus eine Tugend sei. Manche Satanisten meinen, dass die einzige Existenz, die sie jemals kennen werden, hier auf Erden liegt. Somit leben Teufelsverehrer im Jetzt, und ihre Überzeugung ist Maßlosigkeit und Verkommenheit. Satanismus schwört auf die Allianz mit dem Satan, obwohl sie nicht an ihn glauben. Jede Person ist voll für ihren eigenen Lebensweg verantwortlich. Diese Art des unlogischen Denkens offenbart den Einfluss von Lüge und Täuschung in ihrer Philosophie. Schon der Apostel Petrus warnte: „Sie sind Brunnen ohne Wasser und Wolken, vom Wirbelwind umhergetrieben, ihr Los ist die dunkelste Finsternis. Denn sie reden stolze Worte, hinter denen nichts ist, und locken durch ausschweifende fleischliche Begierde diejenigen an, die gerade erst denen

---

43 Anton Szandor LaVey war Gründer und Hohepriester der Church of Satan. LaVey nahm für sich selbst in Anspruch, als Erster den modernen Satanismus definiert und organisiert zu haben. Er war Verfasser der 1969 erschienenen Satanischen Bibel.

entronnen waren, die im Irrtum leben, und versprechen ihnen Freiheit, obwohl sie selbst Knechte des Verderbens sind.
Denn von wem jemand überwunden ist, dessen Knecht ist er
geworden." (Vers.17-29)[44]

44 Quelle: gotquestions.org/https://www.uibk.ac.at/theol/leseraum/
bibel/lk17.html

Kapitel 13

Der innere Kreis

Der bekannteste und auffälligste Satanist an der Seite des Despoten ist Dmitri Medwedew. Er war, aus taktischen Gründen, von 2008 bis 2012 der Präsident Russlands. Er wurde 1965 geboren und ist ein Politiker und Jurist. Vor seiner Präsidentschaft war er stellvertretender Ministerpräsident und leitender Wirtschaftsberater von Putin. Nach seiner Amtszeit als Präsident wurde er Premierminister Russlands und später wieder stellvertretender Ministerpräsident. Medwedew wird oft als enger Vertrauter von Putin betrachtet und hat eine bedeutende Rolle in der russischen Politik gespielt. Obwohl Medwedew immer wieder wie ein Geist aus dem Nichts die politische Bühne betritt, ist es wie ein Donnerhall, wenn er mit markigen Worten Drohungen gegenüber dem Westen ausspricht. Ein äußerst unberechenbarer, undurchsichtiger Mann, der aber nur im Windschatten des Satans die Zähne fletscht. Er ist einer, der auch mit der Angst als Waffe gegenüber dem Westen spielt, so, als ob er bereits die Finger auf den roten Knopf für die Atombombe hält. Einer, der genau in das Schema dieser kaltblütigen Meute passt. Ein Kopf, der am Ende der Zeit des Despoten nachwachsen könnte. Einer, der an der Seite seines Hexenmeisters so viel gelernt hat, dass er sicher wie ein nachgewachsener Hydrakopf in die Fußstapfen von Putin folgen könnte. Somit ist ein Foltermeister bereits am Horizont sichtbar – deutlich für die ganze Welt. Einer, der schon heute, allein durch seine zynische Rhetorik, auf nichts Gutes hoffen lässt. Sofern sich die politischen und gesellschaftlichen Verhältnisse im sowjetischen Machtgefüge nicht grundlegend ändern, bleibt das Gefahrenpotenzial unverändert hoch. Die politische Führung der westlichen Welt muss sich deshalb schon heute darauf einstellen und seine naive Haltung endgültig ablegen. Dieser Irrglaube, an das Gute im Menschen zu glauben, ist mit zunehmender Bildung und Intelligenz immer gefährlicher geworden. Die Behauptung, dass die Bildung in gewisser Weise vor möglichen Irrationalitäten schützt, ist genau konträr zur allgemeinen Annahme. Intelligenz und Wissen wird heute mehr denn je angewendet, denn Wissen ist Macht. Diese Macht wissen mittlerweile die alten Hexen des Kremls einzusetzen. Geschickt und letztlich unangreifbar setzen sie zielsicher ihre Worte ein. Es sind die Lügen, die sie in die Welt hinaussenden. Die Zuhörer vernehmen es stumm und ohne jegliche Regung, wohl wissend, dass es gegen jegliche Tatsachen klingt. Ein Rezept, eine Reaktion gegen diese Dreistigkeit ist derzeit noch niemandem gelungen. So treiben sie ihr Unwesen gegenüber ratlosen Zuhörern immer weiter.

Der sowjetische Außenmister Sergej Wiktorowitsch Lawrow ist ein Musterbeispiel an Linientreue. Sein Auftreten auf internationaler Bühne ist ein perfekt inszeniertes Schauspiel. Seine Aussagen klingen wie auswendig gelernte Sätze, abgesegnet von höchster Stelle. Lawrow ist Politiker und Diplomat und seit 2004 in Diensten der russischen Regierung. Mit eiserner Disziplin verteidigt er die russischen Interessen in den internationalen Arenen. Er wurde am 21. März 1950 in Moskau geboren. Er studierte internationale Beziehungen in der Moskauer Staatsuniversität und schloss sein Studium 1972 ab. Details über seine Familie sind nicht bekannt, außer, dass er Vater einer Tochter ist. Geboren wurde er im sogenannten sowjetischen Establishment, dem sein Vater angehörte. Valentin Lawrow war Diplomat und diente als sowjetischer Botschafter in der damaligen DDR, während seine Mutter Irina ebenfalls im diplomatischen Dienst tätig war.

Karl Schlögel schrieb 2015: „... dass nicht nur auf russischen Pressekonferenzen Lügen und Demagogie Einzug gehalten hätten, sondern dass selbst Lawrow, alle Hemmungen fallen gelassen habe‘ und mit demagogischer Rhetorik Lügen verbreite wie den ‚Genozid in der Ukraine‘, womit diese Lüge talkshowtauglich geworden sei; oft gebe es keine Widerrede, weil die bemühten Moderatoren unter dem Druck der Objektivität stünden, wonach die Wahrheit nicht ermittelbar sei, sondern irgendwo in der Mitte liege."[45] In die Affäre um die angebliche Vergewaltigung eines russlanddeutschen Mädchens aus Berlin (Fall Lisa) im Januar 2016 durch Flüchtlinge schaltete sich Lawrow persönlich ein und warf den deutschen Ermittlungsbehörden bei der Aufklärung des Falls bewusste Vertuschung vor: „Ich hoffe, dass diese Migrationsprobleme nicht zum Versuch führen, die Wirklichkeit aus irgendwelchen innerpolitischen Gründen politisch korrekt zu übermalen." Der deutsche Außenminister Frank-Walter Steinmeier kritisierte daraufhin seinen russischen Amtskollegen scharf und warnte davor, die wahrheitswidrigen Berichte für politische Propaganda zu instrumentalisieren.[46] Der Rechtsanwalt und Bundesinnenminister Deutschlands von 1978 bis 1982, Gerhard Baum, sagte im März 2022 im Sender RTL, dass Lawrow „seit Jahrzehnten ein notorischer Lügner" ist.[47] Der ukrainische Schriftsteller Severyn Korab spricht in einem Gastbeitrag in der Neuen Zürcher Zeitung von Lawrow im Zusammenhang mit dem Überfall Russlands auf die Ukraine 2022 als „Diener des Bösen" und Aristokrat der Apokalypse.[48] In einem Telefongespräch mit dem britischen Außenminister David Milbrand im September 2008 (Augustkrieg) soll Lawrow seinen Amtskollegen mit den Worten „Who the fuck are you to lecture me?" („Wer zum Teufel sind sie denn, um mich zu belehren?") beschimpft haben. Einen Tag später relativierte Lawrow seine Aussage auf einer Pressekonferenz in Sochumi: „Milbrand versuchte immer wieder, Saakaschwili als einen großen Diplomaten zu preisen. Ich habe lediglich ein Zitat eines meiner europäischen

45 Karl Schlögel: Entscheidung in Kiew: Ukrainische Lektionen, Carl Hanser Verlag GmbH Co KG, 2015, ISBN 978-3-446-25038-3
46 Berlin: Steinmeier weist Lawrow in die Schranken. In: Die Zeit. 27 Januar 2016, abgerufen am 15.04.2024.
47 RTL-Nachtjournal, 8. März 2022.
48 Der russische Außenminister Sergej Lawrow hat sich zum bedingungslosen Diener des Bösen gemacht. Er ist Aristokrat der Apokalypse. nnz.ch.22.März2022. Abgerufen am 15.04.2024.

Kollegen über Saakaschwili angeführt und selber keine Schimpf-
wörter verwendet." Im August 2015 leistet sich Lawrow einen
weiteren unflätigen Ausdruck, als er auf einer Pressekonferenz
mit dem Außenminister Saudi-Arabiens in Moskau die Anwe-
senden als „Dummköpfe" bezeichnete. Unklar war jedoch, wen
genau er damit meinte.[49] Beim Antrittsbesuch des deutschen
Außenministers Heiko Maas forderte dieser mehr Ehrlichkeit.
Aussagen Lawrows bei diesem Treffen zeugten jedoch laut Neue
Zürcher Zeitung von „stoßender Geschichtsvergessenheit".[50]
Anfang Mai 2022, etwa zwei Monate nach dem Überfall auf die
Ukraine, den Russland unter anderem mit der Behauptung begann, dass dort „Nazis regieren" würden, versuchte Lawrow im
italienischen Fernsehen, das Argument, dass der ukrainische
Präsident Wolodymyr Selenskyj ein Jude ist und daher kein Nazi
sein könne, so zu entkräften: „Adolf Hitler hatte auch jüdisches
Blut. Das heißt überhaupt nichts. Das weise jüdische Volk sagt,
dass die eifrigsten Antisemiten in der Regel Juden sind.". Daraufhin beschwerte sich Israel beim russischen Botschafter in Israel
und verlangte dabei eine Entschuldigung.[51] [52] Nach israelischen
Angaben hat sich Putin beim israelischen Ministerpräsidenten
Naftali Bennett dafür entschuldigt, der die Entschuldigung an-
nahm. Der Kreml äußerte sich nicht dazu.[53] Hatte Lawrow noch
im April 2022 bestritten, dass Russland einen Regimewechsel in
der Ukraine anstrebe, bestätigte er dies erstmals auf einer Aus-

---

49 Russischer Außenminister erlaubt sich derben Fluch auf Pressekonferenz. Focus Online. 13. August 2015, abgerufen am 15.04.2024
(per Video).

50 Markus Ackeret: Das Verhältnis zwischen Deutschland und Russland hat sich abgekühlt. In: nnz.ch.10.Mai 2018, abgerufen am
15.04.2025.

51 Ukraine-Krieg: Lawrow sorgt mit Nazi-Vergleich in Israel für Empö-
rung. In: Zeit Online. 2. Mai 2022, abgerufen am 15.04.2025.

52 Ukrainekrieg: Sergej Lawrow sorgt mit Nazivergleich in Israel für Em-
pörung. In: Spiegel Online. 2. Mai 2022, abgerufen am 15.04.2024.

53 Lawrow bestätigt Moskaus Pläne für Regimewechsel in der Ukraine.
In: tagesschau.de. 24. Juli 2022, abgerufen am 16.04.2024.

landsreise im Juli 2022 in Kairo: „Wir helfen dem ukrainischen Volk auf jeden Fall, sich von dem absolut volks- und geschichtsfeindlichen Regime zu befreien." Das russische und ukrainische Volk würde künftig zusammenleben.[54]

Der ehemalige russische Spion Sergei Skripal und seine Tochter Julia wurden am 4. März 2018 in Salisbury, eine Stadt in England, bewusstlos aufgefunden und mit Anzeichen einer Vergiftung in eine Klinik eingeliefert. Julija Skripal lag nach dem Attentat 20 Tage im Koma. Ihr Vater wurde erst im Juni 2018 aus dem Krankenhaus entlassen. Lawrow bemerkte sinngemäß, dass der Einsatz eines solchen Nervengifts bei einem ehemaligen Spion und seinem Kind ein sehr schlimmes Verbrechen sei. Die Untersuchungen haben ergeben, dass die Skripals mit Nowitschok vergiftet wurden, einem tödlichen Nervenkampfstoff, der vom sowjetischen Militär entwickelt und seit dem Zweiten Weltkrieg nicht mehr in Europa eingesetzt wurde. Lawrow äußerte sich empört darüber, dass Russland der „konsularische Zugang" zu dem ehemaligen russischen Spion Skripal und seiner Tochter verweigert wurde. Er äußerte einen Verdacht, nämlich dass die Skripals und der Polizist sich „auf wundersame Weise gut erholt" hätten. Lawrow beschuldigte Großbritannien, Beweise aus dem Skripal-Vergiftungsfall „vernichtet" zu haben. Die Maßnahmen der britischen Regierung und der britischen Behörden deuteten – so die Behauptung – auf eine „konsequente physische Vernichtung der Beweise" hin. Der Grund für dieses von ihm der britischen Regierung unterstellte Verhalten seien Hintergedanken, so Lawrow, nämlich sinngemäß, dass sie sicherlich politisch von dem profitiert, was vor sich geht, und es ist eine interessante Situation, in der ein Land, das die EU verlässt, die EU-Politik gegenüber Russland bestimmt.[55]

---

54 Lawrow bestätigt Moskaus Pläne für Regimewechsel in der Ukraine. In: Tagesschau.de. 24. Juli 2022, abgerufen am 16.04.2024.

55 https://www.politico.eu > Russia's Lavrov: UK at fault in Skripal case. In: Politico, abgerufen am 17.04.2024.

Im September 2021 veröffentlichte die Organisation Stiftung für Korruptionsbekämpfung des russischen oppositionellen politischen Bloggers Alexei Nawalny eine Recherche, in der Lawrow vorgeworfen wird, eine Beziehung mit einer Mitarbeiterin des Außenministeriums zu führen und im Rahmen von Geschäftsreisen gemeinsam mit ihr Häuser und Jachten des russischen Oligarchen Oleg Deripaska genutzt zu haben. Außerdem soll er sich persönlich bei den US-amerikanischen Behörden für Deripaska eingesetzt haben, um ihm zu einer US-amerikanischen Staatsbürgerschaft zu verhelfen. Bestätigt ist diese Behauptung nicht, denn sie wurde lediglich mehrfach von pro-westlichen Bloggern kolportiert und wieder gelöscht. In Wahrheit belohnt sich der Handlager, der nur zeitweise im Rampenlicht der großen Bühnen steht. Der Henker berauscht sich an seinem Opfer. Der Lakai des Satans holt sich Anerkennung und den Lohn seiner Taten, auf anderen Wegen.

Eine Entschlüsselung dieses Charakters bedarf keiner großen Mühe, um zu erkennen, dass sich dieser Mensch weit weg jeder menschlichen Lebensrealität bewegt. Wer kann dieser Person mit Respekt und Achtung gegenüberstehen, wenn er die russische Politik repräsentiert und seine ständigen Lügentiraden in die Welt hinausträgt? Welcher Staatenlenker kann diesen Politiker als seriösen und verlässlichen Gesprächspartner ernst nehmen? Die Apokalypse wird kommen, sie ist unausweichlich. Ja, sie ist im Grunde schon da und vollzieht ihr Zerstörungswerk mitten unter uns – oder, um es mit dem Titel von Francis Ford Coppolas filmischem Endzeitepos zu sagen: „Apokalypse Now" – hier und jetzt in diesem Moment in unserer Welt.[56]

Eine weitere Person mit dem Attribut einer Hydra ist Igor Setschin, der Chief Executive Officer von Rosneft. Im September 1960 in Leningrad geboren. Er ist russischer Politiker und

---

56 Friedrich Dürrematt, Günter Grass, Michael Cordy: Die Herrn der Apokalypse. In: Gradl, Hans-Georg, Steins, Georg, Schuller, Florian: Am Ende der Tage. Regensburg 2011. S 168.

Manager. Er zählt zu den engsten Vertrauten Putins und gilt als zweitmächtigste Person Russlands.[57] Er stammt aus einer Arbeiterfamilie, absolvierte die Mittelschule mit Schwerpunkt Französisch und begann ein Studium für portugiesische Philologie an der Leningrader Universität. Heute fungiert er neben seinem Manager-Job zusätzlich als Präsidentenberater. Daneben ist Setschin laut Medienberichten einer der Initiatoren der 2003 begonnenen gerichtlichen Verfolgung des Yukos-Konzerns. Er gilt in Regierungskreisen als Fachmann im Erdölexportwesen.[58] Die unmittelbare Nähe zum russischen Diktator hat ihn geprägt. Auch er beherrscht im Kleinen wie im Großen die Taschenspielertricks, aber auch die Manipulation engster Mitarbeiter. Als einer der Oligarchen ist er direkter Handlanger Putins und hat ebenfalls (nicht nachweislich) Blut an seinen Händen. Er muss es als Treuebeweis und unerschütterlicher Loyalität gegenüber seinem Befehlsgeber unter Beweis stellen. Kommen nur im Keim irgendwelche Zweifel auf, könnte es mit ihm geschehen, wie es dem russischen Ökonom Wladimir Mau ergangen ist. Er wurde weggesperrt, und seither ist er von der Bildfläche verschwunden. Am 30. Juni 2022 wurde der allseits geachtete Mau unter dem Vorwand der „Veruntreuung von Universitätsgeldern" festgenommen. Auf Foreign Affairs kommentierte Andrej Kolesnikow, dass das Regime nach dem russischen Überfall auf die Ukraine Sündenböcke brauche, mit welchen es medienwirksam die wirtschaftliche Situation wegerklären könne.[59] Eine unfassbare Tat gegenüber einem Mann, der herausragende Leistungen für sein Vaterland erbracht hat. Eine Vielzahl

---

57 wikipedia.org/Igor Iwanowitsch Setschin. Putin sammelt wohl Geld bei russischen Milliardären für Vorbereitung auf Konflikt mit der Nato. 22. März 2024, abgerufen am 16.04.2024.

58 Margarethe Mommsen, Angelika Nußberger: Das System Putin. Gelenkte Demokratie und politische Justiz in Russland. C.H. Beck, 2007, ISBN 3-406-54790-7.

59 Quelle: https://www.Putins Gefangene, foreignaffairs, 15.07.2022, abgerufen am 13.04.2024.

von wissenschaftlichen Beiträgen und Publikationen, Ehrungen wie „Ordentlicher Staatsrat der Russischen Föderation I. Klasse", um nur eine zu nennen. International war der Topökonom Mau ebenfalls als Wissenschaftler hoch angesehen. Seinen Doktor der Philosophie (Ph. D.) erlangte er an der Pariser Universität Pierre Mendès-France.

Linientreu steht Setschin unerschütterlich eng an der Seite des Diktators und übernimmt die Demontage eines angesehenen Bürgers. Rücksichtslos und ohne menschliche Achtung wird hinter den Kulissen des Kremls der Vernichtungsakt entworfen und ein Henker zur Durchführung bestimmt! Der Diktator macht sich an solchen Landesgrößen die Hände nicht schmutzig.

Möglicherweise war seine pro-westliche Weltanschauung mit Beginn des Überfalls auf die Ukraine nicht mehr gewünscht. Nachforschungen zu seiner Person verlaufen im Nirwana!

„Ja, ich bin ein gläubiger Jude und fühle mich dem interreligiösen Dialog verpflichtet."[60] Die Worte eines sehr gefährlichen Publizisten im Dunstkreis des Kremls – Wladimir Rudolfowitsch Solowjow. Einer, der sofort die Atombombe gegen den Westen zünden möchte. Aus durchschnittlicher intelligenter Sicht eines ganz normalen Weltenbürgers würde man sagen: „Geisteskrank, gemeingefährlich." Ein Aufputscher, genau nach den Vorstellungen eines Despoten. Auch eine Art Folter, die dieser Kreml-Mann betreibt, aber nicht gegenüber dem russischen Volk, sondern der gesamten westlichen Welt gegenüber. Er sitzt am direkten Sprachrohr zum Volk. Über den staatlichen Radiosender WestiFM verbreitet er seine Hass-und Drohreden regelmäßig. Dieser Ketzer ist offensichtlich im wahrsten Sinne des Wortes vom Teufel besessen, wenn er lauthals in seinen Fernsehshows absurde Behauptungen aufstellt und z. B. Adolf Hitler als einen „sehr mutigen Menschen" bezeichnet.[61] Es bleibt

---

60 http://radiovesti.ru/news/category/all/04-02-2012.
61 Latvia Bans Russian TV Host Over Hitler Remarks In: Moscow Times. 18. Februar 2021.

ein Rätsel, wie dieser Mann mit seiner exzellenten Bildung und westlicher Affinität sich eines derartigen Vokabulars bedient. Ein sehr vermögender Mann mit Immobilienbesitz am Comer See und mehreren Eigentumswohnungen in Moskau. Sogar die verhassten USA hat er kennengelernt, als er für zwei Jahre an einer amerikanischen Universität als Dozent tägig gewesen ist. Nach drei Ehen ist er Vater von acht Kindern und durchaus als ein Mensch zu bezeichnen, der nicht nur den Rubel und Wodka kennt. Einer, der den Way of Life während seiner Zeit in den Staaten hautnah miterlebt hat. Ein Macher, ein Mann mit dem Gespür für Geschäfte. Dreist und skrupellos beschreibt er in seinem Buch „Empire of Corruption" die russische Mentalität. Er stellt darin ganz unverhohlen die Behauptung auf, dass Reichtum, wie schon im postsozialistischen Russland, nicht mit ehrlicher Arbeit, sondern nur durch Korruption, Betrug und Diebstahl zu erreichen sei. Und Solowjow verfügt über ein beachtliches Vermögen. Wie gerissen und dreist er bei Subventionszahlungen zur Renovierung seiner Villa vorgegangen ist, die er vom italienischen Staat erhalten haben soll, wird wohl ein Geheimnis bleiben. Die Zahlungen für Solowjow kamen an die Öffentlichkeit, und damit waren vandalistische Anschläge auf sein Anwesen in Como nicht mehr zu verhindern. Obwohl an der Hauswand seines Hauses mit großen Buchstaben geschrieben stand: KILLER, ist es eher wahrscheinlich, dass er nicht in diese Kategorie Täter einzustufen ist. Seine Waffe ist das Wort, die Rhetorik, die Sprache, und deshalb ist er auch als Scharfmacher Putins bekannt. Umso mehr erstaunt es, dass der Satan höchstpersönlich seinen „Bullterrier" in Schutz nimmt und sofort ein Feindbild aufbaut. Er lenkt jede Schuld in Richtung Ukraine und beschuldigt einmal mehr die Neonazis für alle geplanten und versuchten Attentate auf einen bekannten, russischen Fernsehmoderator und Journalisten als die Übeltäter. Dieses Ereignis nimmt der Despot geschickt auf, um wieder gegen den Westen und besonders gegen Amerika zu hetzen, indem er ihnen Unfähigkeit und Vertuschung in der Wahrheitsfindung unterstellt. Eine Foltermethode, die bis in die obersten Regierungsstellen der westlichen Welt vordringt. Eine Gegendarstellung zu formulieren oder eine sachlich seriöse Aufklärung zu betreiben, ist somit nahezu ausgeschlossen. Es käme einer Verteidigung gleich, und somit steht der Westen fast hilflos und ohne adäquate Gegenreaktion da. Diese Art, ein Verbrechen, ein klares Vergehen eines Beschuldigten ins Gegenteil zu verdrehen und den Kläger zum Täter zu verurteilen, ist Psycho-Folter in Perfektion.

Absolut unerklärlich ist die Tatsache, wie ein Mensch wie Solowjow, einer mit beeindruckender Vita, einem Menschen gleichkommt, der sich ähnlich wie in der Geschichte vom „Rattenfänger von Hameln" zum Despoten verwandeln kann. Ist es tatsächlich Patriotismus, oder ist er Satanist – ein Verehrer des Bösen?

Der interne Kreis um den Despoten schließt sich zunächst mit dem Manager Alexej Miller. Er ist Vorstandsvorsitzender und stellvertretender Aufsichtsratsvorsitzender des staatlich kontrollierten, größten russischen Konzerns und weltgrößten Energielieferanten Gazprom.[62] In seinen Adern fließt russlanddeutsches Blut. Er wurde 1962 in Leningrad geboren, dem heutigen Sankt Petersburg. Bis Mitte der 1980er-Jahre studierte er Finanz- und Wirtschaftswissenschaften. Anschließend startete er seine berufliche Karriere als Mitarbeiter für den Bürgermeister seiner Heimatstadt, übernahm später die Leitung des St. Petersburger Hafens, bevor er 1999 die Position des Generaldirektors der baltischen Pipelinesysteme einnahm. Seine steile Karriere führte über den stellvertretenden Energieminister der Russischen Föderation im Mai 2001 zum Vorstandsvorsitzenden von Gazprom. Aus diesem Unternehmen entwickelte Miller, nach restriktiven Umstrukturierungen, den staatlich weltgrößten Energiekonzern. Obwohl Miller zu den mächtigsten Männern in der Russischen Föderation zählt – wenn nicht sogar der Mächtigste –, ist er doch nur eine Marionette im Hintergrund des Despoten aus dem Kreml. Recherchen op-

---

62 https://www.google.de/wiki/Alexei_Borissowitsch_Miller_...

positioneller Gruppen wollen herausgefunden haben, dass der linientreue Miller ein Vermögen von 725 Millionen Euro angehäuft habe. Sein Wohnhaus, das er mit seiner Ehefrau Mariana Jentalzewa bewohnt, soll über 8500 Quadratmeter Wohnfläche verfügen. Es soll sich um eine der teuersten Privatresidenzen in Russland handeln, die sich nahe der Stadt Moskau befindet. Als treuer Diener seines Herrn hat auch er gelernt, die Klaviatur der Folter anzuwenden. Miller befasst sich nicht mit Einzelpersonen, Regimekritiker oder kritischen Journalisten, sondern er sitzt am ganz großen Hebel. Er ist der Mann, der nahezu den gesamten Westen in die Zange nimmt. Sein Folterwerkzeug ist Gas und Öl. Im ganz großen Stil legt er nach Belieben die Daumenschraube an. Ohne das Gas von Miller und Co.,werden im Westen die Wohnstuben kalt, die Flammen in den Brennöfen der Industrie stetig kleiner, und die Öltanks der Konzerne wären rasend schnell leer. Eine perfekte Methode der Folter im 21. Jahrhundert. Der Westen ist zur Hilflosigkeit verdammt und geht in die Knie. Wie ein „rasierklingenscharfes Schwert" des Kremls, das sie in den „Raunächten" geschmiedet haben, zerreißt es das Freundschaftsband zwischen West und Ost in nur wenigen Tagen endgültig.

Im Übrigen gehört Alexej Miller auch zum Personenkreis der Männer, die auf der USA-Sanktionsliste und jene der britischen Regierung stehen – neben vielen anderen aus dem Zirkel des Kremls.

Kapitel 14

Die Zeitenwende

Der Überfall auf die Ukraine läutet eine Zeitenwende auf der westlichen Halbkugel ein, mit gravierender Auswirkung auf die Weltwirtschaft. Eine lange geplante, groß angelegte Invasion auf die Ukraine beginnt. Unsägliches Leid auf beiden Seiten ist zu erwarten. Wir schreiben den 24. Februar 2022. Eine Vielzahl an Kritikern und Gegnern Putins ist bereits aus dem Weg geräumt. Die wenigen noch übrig gebliebenen Regimegegner und Pazifisten sind nur noch in einer Minderheit zugegen, meist haben sie sich bereits in den Untergrund zurückgezogen. Jetzt zeigt sich der Erfolg der strategisch verübten Morde. Die wenigen kritischen Stimmen der Opposition sind nur noch leise zu hören, nahezu totgemacht. Putins Säbelrasseln war schon lange vor dem Einmarsch in die Ukraine zu hören gewesen. Immer wieder sendet er verschlüsselte Botschaften in seinen martialischen Reden über ein großes russisches Reich. Um sein russisches Imperium wiederherzustellen, zu erweitern, zu sichern, ist ihm offensichtlich jedes Mittel recht. In seinen Reden betont er immer wieder sehr deutlich und unmissverständlich, dass das westliche Bündnis sich immer weiter in Richtung Russland ausdehne. Zu diesem Zeitpunkt blitzt sein rhetorisches Geschick immer deutlicher auf – versteckte Drohungen, die im Westen so richtig niemand wahrnehmen will. Die ersten Angstgefühle steigen jetzt so langsam bei dem Personenkreis hoch, der die Worte des Despoten zu deuten weiß. Er verbreitet jetzt erst richtig dosiert Angst als Foltermittel und dringt somit ganz langsam auch in die Köpfe derer ein, die noch immer nur an das Gute glauben.

Der Einmarsch in die Ukraine bestätigt damit endgültig das wahre Gesicht des Satans im Kreml. Schon kurze Zeit nach der russischen Invasion nimmt das Schicksal für die grenznahe Bevölkerung ihren Lauf. In Cherson, eine der bereits annektierten

Städte durch die russischen Truppen, sind bereits Folterzentren eingerichtet worden. Unrechtmäßig werden wahllos Zivilpersonen aus allen Bevölkerungsschichten, während der Besetzung zwischen März und November 2022, massenhaft inhaftiert und gefoltert. Die Welt weiß sehr wohl, dass es ein eindeutiges Kriegsverbrechen darstellt, aber es gibt keine Möglichkeit, das Unrecht zu stoppen. Die Foltermethoden sind noch grausamer und unmenschlicher, als es im Mittelalter der Fall gewesen ist. Misshandlung, Tötung, Verschleppung, Vergewaltigung steht jetzt auf der Tagesordnung, die der Hexenmeister seinen Schergen mit auf den Weg gegeben hat. Rücksichtslos und offenbar getrieben durch die Legitimation ihrer Truppenführer treiben die russischen Soldaten ein grausames Spiel mit menschlichem Leben, so die eindeutigen Berichte von Human Rights Watch. Familienangehörige berichten immer wieder der Organisation vor Ort von Folter, Misshandlungen und willkürlichen Hinrichtungen. Eines der berüchtigten Untersuchungsgefängnisse in der Teploenerhertykiv-Straße in Cherson wurde ganz abfällig als „Loch" bezeichnet. Es gibt jetzt keine Regeln mehr, keine gesetzlichen Grundlagen, die für die „Folterknechte" verbindlich sind. Willkür und Einfallsreichtum sind jetzt gefragt, je grausamer und härter, desto besser die Maßnahme. Eindeutige Parallelen sind erkennbar, die auf mittelalterliche Vorgehensweisen hindeuten. Sofern eine Geisel die Folter nicht überstanden hatte, holten sie sich skrupellos und ohne Pietät vom Toten sein letztes Hab und Gut. Somit kam auch noch der Tatbestand Raub und Diebstahl hinzu. Aber wer sollte jetzt die russischen Soldaten zur Rechenschaft rufen? Mit diesem Bewusstsein war das ukrainische Volk zum Freiwild geworden! „Human Rights Watch" befragte 34 Personen zu den Gräueltaten von Zivilist*innen während der russischen Besetzung der Region Khersonska vom 2. März 2022 bis zum Abzug der russischen Streitkräfte aus einem Großteil des Gebietes am 11. November. Zwölf ehemalige Gefangene und 10 Familienangehörige berichteten, dass sie gefoltert wurden oder die Folterungen anderer Gefangener miterlebten, die in drei gemeldeten Fällen zum Tod führten. Diese

Gespräche über Folter folgten auf Dutzende von Interviews, die Human Rights Watch mit Bewohner*innen der Region Cherson in den ersten Monaten der Besatzung für einen Bericht vom Juli 2022 geführt hat.[63]

„Ein ehemaliger Gefangener, der [...] festgehalten wurde, sagte: Es waren fünf Männer ... Sie wurden alle schwer misshandelt und verprügelt. Einem wurde ins Bein geschossen, ein anderer hatte gebrochene Rippen. Wir hörten Schreie von misshandelten Menschen den ganzen Tag und die ganze Nacht. Die Leute schrien nachts um 3 Uhr, und sie schrien am Abend ... Medizinische Versorgung gab es nicht."[64]

Oft demütigte das russische Wachpersonal die Gefangenen zudem, indem sie unter Androhung von Schlägen die russische Nationalhymne und patriotische Lieder singen mussten. Ein gefangener Mensch muss wohl Höllenqualen erleiden, besonders tief in seiner Seele, sodass sich daraus ein extremes Hass- und Rachegefühl aufbaut. Wie wir heute aus der Historie heraus wissen, setzt sich diese Tatsache über Generation hinweg fort.

Russland kennt nun keine Hemmungen mehr und greift zur abscheulichsten Waffe, die die Menschheit je erfunden hat. Im Angriffskrieg gegen die Ukraine habe das russische Militär verschiedene Reizgase „als eine Form der Kriegsführung" eingesetzt, teilt das US-Außenministerium mit. „Der Einsatz solcher Chemikalien ist kein Einzelfall", hieß es in der Mitteilung. Die Auswirkungen gegenüber den Menschen, egal ob Soldat oder Zivilist, Kinder, Junge und Alte, ist einfach katastrophal. Schon aus den Zeiten des Ersten Weltkriegs und des Vietnamkriegs ist bekannt, welche Folgen derartige Kampfmittel gegenüber Menschen auslösen. Verheerende körperliche Schäden und psychologische Folgen. Die unsichtbaren Gase verbreiten panische Angst unter den Soldaten, die sie ihr Leben lang nicht mehr loslässt.

---

63 https://www.google.de/news/2023/04/13/ukraine-russian-torture-center-kherson&ved. https://www.hwr.org.
64 https://www.hwr.org.

Jahrzehnte, wenn nicht das gesamte Leben, müssen Betroffene unsägliches Leid und qualvollen Dauerschmerz ertragen. Wenn nicht gleich der Tod durch Ersticken bei vollem Bewusstsein eintritt, so sind Blindheit, Hautverätzungen und Lungenschäden i. d. R. die häufigsten Folgeschäden.[65]

Den Befehl zu erteilen, Giftgas einzusetzen, bestätigt nicht nur die unsagbare Skrupellosigkeit des Diktators, sondern bestätigt auch deutlich die Charaktereigenschaften eines Satanisten. Wie verhärmt, kalt und herzlos müssen die Soldaten sein, die diese Kampfmittel auf Menschen richten? Es sind junge Burschen im besten Alter, vielleicht schon Familienväter, die am Anfang oder vielleicht in der Mitte ihres Lebens stehen. Welche Mächte müssen auf diesen Personenkreis eingewirkt haben, die ohne jeglichen Skrupel derartige Kampfmittel einsetzen?

An dieser Stelle zeigt die Geschichte Russlands wieder ihr eigentliches Gesicht. Im Grunde genommen ist es ein bemitleidenswertes Volk, das von Autokraten wie Sklaven behandelt, ausgebeutet und am Ende als Kanonenfutter ihre letzte Verwendung findet. Die Mentalität „des Brüderchens aus der Taiga oder der Wolga" ist nicht das Wodka trinkende Brüderchen, sondern ein ignoranter, egoistischer, verhärmter, kalter Menschenschlag, der von seinen Führern durch Unterdrückung, Knechtschaft und Gewalt zu Ignoranten geworden ist, wie wir es heute erleben. Sicher gibt es in Russland die besagte Gastfreundschaft und erkennbare Parallelen zu westlichen Familien. Die Wahrheit dieses Extrems liegt sicher irgendwo dazwischen. Letztlich sind die Menschen aber durch ihre Führer geprägt. Mit westlichen Werten geht nur eine kleine Minderheit dieser Volksgruppe konform.

Richten wir unseren Blick in die Gegenwart. Mit Erschrecken müssen wir feststellen, dass die Zeitenwende nicht nur an der ukrainischen Front stattgefunden hat, sondern auf den Spielplätzen in den Zentren Moskaus und in weiten Landestei-

---

65 https://www.hi.uni-stuttgart.de > Start > ww1_ger_08_02.

len Russlands. Bereits im Kindesalter wird ihnen beigebracht: Nur mit Härte ist das Leben zu meistern. Schwäche zeigen ist verboten – Gewalt ist gefordert, um sich zu behaupten. So lernen bereits die Kinder im Kindergarten, sich kompromisslos durchzusetzen. Dadurch entsteht schon in jungen Jahren eine Hierarchie, die auf Gewalt und Unterordnung aufgebaut ist. Die anerzogene Hilflosigkeit, die eine innere Aggression aufkommen lässt, wird an die nächste Generation weitergegeben – es wird zur russischen DNA. Die Gräueltaten der russischen Armee in der Ukraine, die bestimmt auch bei so manchen Russen Fassungslosigkeit und Entsetzen hervorrufen, sind das Ergebnis einer vollkommen fehlgeleiteten Erziehung. Der Blick hinter den Wohnfassaden verdeutlicht noch ein klareres Bild, einer sich in eine Abwärtsspirale befindlichen Gesellschaft. Gewalt wird auch im Familienverband zur Norm. Auch unter Ehepaaren ist die Gewalt alltäglich. Vergewaltigung und Schläge sind keine Seltenheit, zumal das russische Gesetz es nicht für notwendig erachtet, dagegen vorzugehen. Zynisch, wie der Despot im Kreml nur sein kann, hat er 2019 auf Nachfrage geantwortet: „Es gebe viele andere Gesetze, gegen Hooliganismus zum Beispiel." Putin ist seiner Haltung der Ignoranz und Missachtung bis heute treu geblieben.

Häusliche Gewalt gilt in Russland als Bagatelle und wird mit einem Bußgeld von umgerechnet 50 Euro geahndet. Als der Europäische Gerichtshof für Menschenrechte Russland vor einigen Jahren dazu aufforderte, Frauen besser vor häuslicher Gewalt zu schützen, bezeichnete das russische Justizministerium „das Problem" als „deutlich übertrieben" und sah die Forderung der Straßburger Richter als „Diskriminierung von Männern" an.[66] In Regierungskreisen herrscht die Ansicht: Schläge seien ein adäquates Mittel zur Erziehung. In Russland basieren die Familienwerte auf Autorität der Eltern.

---

66 https://taz.de/Erziehung-in-Russland/!5862350/ abgerufen am: 12.04.2024.

Letztlich ist die gesamte russische Gesellschaft an Gewalt „gewöhnt". Dieses Phänomen zeigt das Verhalten der Sondereinheiten der Polizei bei jeder noch so kleinen Demonstration der Bevölkerung. Brachial schlagen sie mit Schlagstöcken, ohne Rücksicht auf Alter und Geschlecht, auf die Menschen ein. Skurril klingt es am Ende vor Gericht, weil den Demonstrant*innen unterstellt wird, dass sie angeblich die Polizei angegriffen hätten.

In der Armee unterwerfen sich Rekruten älteren Soldaten. Die sogenannte „Herrschaft der Großväter" ist ein noch aus der Zarenzeit übrig gebliebenes, ungeschriebenes Gesetz der russischen Streitkräfte und gestattet die uneingeschränkte Misshandlung von Soldaten. In der Ukraine zeigt sich, wie der russische Staat Gewalt fördert und sogar sich damit rühmt. Jener Infanterie-Brigarde, der Kiew Kriegsverbrechen und massenhafte Tötungen in der Stadt Butscha vorwirft, verlieh Putin für „Heldentum und Tapferkeit, Entschlossenheit und Mut" den Ehrentitel der „Garde". Die russische Gesellschaft lebt so weiter in der Straflosigkeit der Gewalt, weil ihr Präsident Gewalt zum Prinzip seiner radikalen Politik gemacht hat.

Folter und Misshandlungen in den Haftanstalten sind nach wie vor an der Tagesordnung, und die Täter*innen wurden so gut wie nie zur Verantwortung gezogen. Folter, Schikane, Misshandlung und Vergewaltigung, mangelnde bis fehlende medizinische Versorgung sind in Russlands Gefängnissen völlig normal. Obwohl vielfach durch Anwälte der Versuch unternommen wurde, das Gefängnispersonal zu verklagen, wurden Klagen einfach ignoriert oder abgelehnt.

In der russischen Welt ist Folter kein Geheimnis – im Gegenteil. Nach dem Terroranschlag in Moskau sollte sogar jeder sehen, welche Folterqualen die mutmaßlichen Attentäter über sich ergehen lassen mussten. Nach einem Terror-Anschlag im März 2024 auf die Konzerthalle Crocus City Hall waren mehr als 140 Menschen ums Leben gekommen. Kurze Zeit später präsentierten Ermittler bereits Geständnisse der Attentäter. Unabhängige russische Medien fanden heraus, dass die festgenommenen Männer vor einigen Tagen schwer verletzt im

Gerichtssaal auftauchten und höchstwahrscheinlich von russischen Sicherheitskräften schwer gefoltert und misshandelt worden waren. Russische Menschenrechtler zeigten sich entsetzt und wiesen darauf hin, dass ein Geständnis unter Folter wertlos wäre. Die Behörden ignorierten erwartungsgemäß die Einwände. Eine Taktik, wie sie immer wieder zu sehen ist. So zeigen die Staatsmedien bewusst und im Detail die Attentäter, besonders aber die zugefügten Verletzungen, die zweifelsfrei auf brutale Folter hinweisen. Ein abgeschnittenes Ohr oder deutliche Schwellungen im Gesicht und Spuren von Stromschlägen an den Händen und Unterarmen. Einer der Attentäter ist wohl so schlimm verwundet, dass er mit einer Plastiktüte über dem Kopf auf die Anklagebank geführt werden muss. Genussvoll werden diese Bilder mehrmals täglich via TV in die Wohnhäuser gesendet. Die Absicht dabei ist, Angst bei den Menschen zu erzeugen. Angst, die das Volk lähmt, sie bis in die Unmündigkeit treibt. Eine Strategie des Kremls, die in ihrer Wirkung gegenüber dem russischen Volk funktioniert wie die Marionetten, die an Fäden hängen. Ohne Skrupel führen die russischen Sicherheitskräfte die Verdächtigen bewusst vor Gericht, um der Öffentlichkeit im Land und international zu zeigen, wie mit Attentätern verfahren wird. Für die internationalen Beobachter liefert dieses Vorgehen der russischen Justiz einen eindeutigen Beweis. Es zeigt das jämmerliche Versagen der russischen Behörden. Zeigt es das wirklich? Eindeutig Nein! Die russische Verfassung von 1993 erklärt Russland zu einem Rechtsstaat und spricht sich für das Prinzip der Gewaltenteilung sowie für eine unabhängige Justiz aus. In der russischen Rechtsauffassung blieben diese Rechte und Prinzipien jedoch bisher weitgehend unbeachtet. Nach einer Einstufung der Nicht-Regierungs-Organisationen Freedom House, die den Grad der Unabhängigkeit der Justiz in verschiedenen Ländern misst, rangiert Russland auf einem der letzten Plätze. Das Vertrauen der Bürger Russlands in ihre Richter und Gerichte ist seit Jahren entsprechend immer weniger geworden. Als Grund für die nicht funktionsfähige Justiz sieht die politische Führung auch die Korruption innerhalb der

Gerichtsbarkeit. Damit sprach die Putin-Administration eine in Russland historisch bedingte Skepsis gegenüber Richtern und Gerichten an. Heute ist das Rechtssystem in der Russischen Föderation zum totalen Erliegen gekommen. Die Parteiführung diktiert dem Richter die Urteile am Telefon – man spricht heute von einer „Telefonjustiz". Wenn die Politik es für erforderlich hält, steht bei politischen Verfahren das Urteil bereits schon vor der Klageschrift fest. Insofern hört die Unabhängigkeit der Justiz von der Politik also jedenfalls dort auf, wo die wirtschaftlichen und politischen Interessen der Mächtigen in Gefahr geraten. Bonuszahlungen, Zuweisungen von Wohnungen oder direkte Zahlungen in harten Dollars sind die Wundermittel für ein Urteil nach den Wünschen des Diktators. Somit ist nahezu jedes Urteil nur das Alibi einer funktionierten Rechtsprechung gegenüber der Außenwelt. Der Beruf des Rechtsanwaltes ist in Russland durchaus gefährlich. Der überwiegende Teil der Rechtsanwälte hängt ebenfalls am Tropf der Partei. Sobald ein Rechtsanwalt den Versuch unternimmt, gegen politische Interessen zu agieren, wird er ohne zu zögern mit Vorwürfen überzogen und verhaftet. Somit ist auch, bis auf wenige Ausnahmen, die Tätigkeit der Anwälte reine Makulatur.

Das System des Kremls ist ein Geben und Nehmen. Der enge Kreis um den Despoten sichert ihm und seinen Gefolgsleuten Macht und Reichtum. Solange in Putins Reich Gas und Öl sprudelt, wird dieses System nicht zu erschüttern sein. Mit der gekauften Treue sind seine Schergen somit tief mit dem „Herrscher" verwoben und verbunden, wie es die obersten Militärs mit Sergej Schoigu und dem Oberbefehlshaber Waleri Gerassimow sind, die wie der gesetzte Spieler im Team einer Fußballmannschaft und der Ergänzungsspieler auf der Ersatzbank um die Gunst des Trainers buhlen. Putin wendet diese Taktik in Perfektion an. Die Taktik der Angst, die Angst auszuscheiden aus dem Kreis der Begünstigten, Angst vor finanziellen Einbußen, Angst vor Machtverlust. Wer schwächelt, wird ersetzt. In der zweiten Reihe stehen bereits genügend Leute bereit, um die Gunst der Stunde zu nutzen, sich unendlich zu bereichern. Ein weiteres Indiz seiner unerschütterlichen Macht ist die Medienlandschaft. Sie sind gekaufte Sprachrohre seiner wunderlichen Geschichten und Drohungen. Die Propagandisten, die bis in die hintersten Winkel der Datschas regimekonforme Nachrichten senden, vollbringen dazu ihr Übriges und stellen somit den Satan auf den Olymp: „Väterchen Putin wird es schon richten." Er wird es richten mit monetären und materiellen Zuwendungen. Eine Immobilie in Moskau, eine Überweisung auf das Konto, und schon sprudeln die Propagandasätze aus den Moderatorenmündern so überzeugend, dass auch der allerletzte Russe jeglichen Restzweifel verliert. Somit setzt der Despot gekonnt ein weiteres, wenn auch indirektes Foltermittel ein, das keinen Schmerz erzeugt, sondern die Empfänger in eine Spirale der Abhängigkeit treibt.

Eine Hilfe zur Ursachenlösung wäre zunächst die Einflussnahme der Weltenlenker. Die Kirche, die Imame, die Vertreter der Gläubigen. Wo steht die christlich orthodoxe Glaubensgemeinschaft mit den Patriarchen? Sie machen mit 80 % den größten Teil der russischen Bevölkerung aus. Im interreligiösen Rat Russlands sind Vertreter der russisch-orthodoxen Kirche und von muslimischen, buddhistischen und jüdischen Verbänden vertreten. Ihr Einfluss auf den Despoten blieb bisher stumm! Sind sie deshalb nicht auch indirekte Mittäter, tragen sie nicht eine Mitschuld an diesen Gräueltaten? Vielleicht stehen auch diese Intuitionen auf Sponsorenlisten der russischen Ölkonzerne und werden mit Petrodollars zum Stillhalten gezwungen.

Kapitel 15

Chinas eigene Welt

In der Volksrepublik China sind Folter und Misshandlungsmethoden noch deutlich grausamer, wie es derzeit aus den USA überliefert wird. Offiziell ist Folter auch in China verboten. China gehört sogar zu den ersten Unterzeichnern der Antifolterkonvention. Die Regierung toleriert jedoch ausnahmslos die systematische Folter der eigenen Bürger. Direkt schon auf der Polizeistation sind körperliche Gewalt mit Schlagstock, Knochenbrüchen oder Herausschlagen einzelner Zähne nicht unüblich. In den unzähligen Lagern, Verhörzentralen und Haftanstalten nimmt die Gewaltanwendung noch viel brutaler und grausamer zu. Hunderttausende Chinesen sind bislang Opfer unerträglicher Grausamkeiten geworden. Die Internationale Gesellschaft für Menschenrechte (IGFM) veröffentlicht immer wieder Detailberichte zu Foltermethoden und den Folgen in China. Der überwiegende Teil der restlichen Welt nimmt jedoch kaum Notiz von diesen Gräueltaten. Heftige Schläge, nicht nur mit der Faust, fügen den Opfern Wunden zu, die nur selten oder zu spät medizinisch versorgt werden. Entzündungen und Verlust von Extremitäten bis hin zur Schwerbehinderung sind das Ergebnis. Steht der Angeklagte irgendwann doch zur Haftentlassung an, wird die Folteranwendung deutlich zurückgenommen, sodass die äußeren Spuren sich minimieren. Grundsätzlich ist ein Angeklagter zunächst den einfachsten Foltermethoden ausgeliefert. Das Opfer liegt entweder auf dem Boden oder steht an der Wand und wird dann mit dem Ledergürtel der Uniform geschlagen. Vor allem durch die Gürtelschnalle entstehen dabei große Schmerzen und im Kopfbereich zum Teil schwere Verletzungen. Zur Steigerung in dieser Phase des Verhörs werden auch Schläge mit einem Kabel angewendet, die noch schmerzhafter sind. Eine mindestens gleichwertige Folter ist der Fußtritt in den Genitalbereich. Es liegen Berichte vor, nach denen Opfer bis zur Bewusstlosigkeit geschlagen oder getreten wurden. Noch perfider ist die Anwendung von Folter unter den Häftlingen. Mit Aussicht auf Haftverkürzung oder -Erleichterung kommen sie der Aufforderung der Haftaufsicht nach, die Opfer zu verprügeln – und das oft bis zur Bewusstlosigkeit. Besonders richten sich bei dieser Methode die Schläge gezielt in Richtung des Kopfes, der Gelenke oder der Genitalien. Schwere Blutergüsse und zum Teil offene Wunden sind die Folgen. Das Schlagen mit Dornen gehört in der VR China zu einer weitverbreiteten Anwendung, um das Opfer gefügig zu machen. Die mit Stacheln besetzten Zweige verursachen unerträgliche Hautverletzungen. Um das Ganze noch zu steigern, werden auch nesselnde Pflanzen eingesetzt, um die Schmerzen noch zu erhöhen. Die Folge sind schwerste, bis zum Tode führende Verletzungen. Vereinzelt findet auch ein Kantholz oder eine Zaunlatte Anwendung, aus denen Nägel hervorstehen. Erschreckenderweise werden in China aber auch noch die Methoden zur Folter angewendet, so wie wir sie bereits aus dem späten Mittelalter und der frühen Neuzeit kennengelernt haben. Das Ziehen der Finger und Fußnägel, das Überstrecken oder Knochenbrechen ist weiterhin ein probates Foltermittel – und nicht nur in China. Den Sicherheitskräften sind tatsächlich keine Grenzen an Einfallsreichtum gesetzt, um ihr Ziel eines Geständnisses zu erreichen. Neuerdings kommen immer häufiger Elektroschocks zur Anwendung, indem die Elektrostöcke an die Augen, überall im Gesicht und in den Mund geführt werden. Diese Art der Folter führt zu Verbrennungen und bei wiederholter Anwendung zu unerträglichen Schmerzen, die ebenfalls bis zur Bewusstlosigkeit oder sogar zum Tode führen können. Eine andere, zum Teil noch qualvollere Methode der Folterung wird heute noch besonders bei Frauen angewendet.

Die Volksrepublik China ist das zweitbevölkerungsreichste und drittgrößte Land der Erde. Das Regime regiert autoritär bis totalitär und muss sich bis heute den Vorwurf schwerster

Menschenrechtsverletzungen gefallen lassen.[67] An der Spitze der Volksrepublik China steht Staatspräsident Xi Jinping. Er wurde 1953 in Peking geboren. Seine politische Karriere bis hin zum Gipfel der Macht hat viele überrascht. Der junge Xi Jinping genoss eine privilegierte und behütete Erziehung. 1969 kam Xi Jinping während der Kulturrevolution im Alter von 16 Jahren mit anderen „landverschickten Jugendlichen" nach Liangjiahe. Xi arbeitete dort sieben Jahre und lebte in einem der „Höhlenhäuser". Das sind charakteristische Behausungen, die in das umliegende Lössplateau hineingegraben wurden. Die frühe Vertreibung von zu Hause, fort von der Familie, ein politisch Ausgestoßener in einer Höhle, darum rankt sich Xis Aufstiegsmythos. Im März 2023 wurde Xi offiziell Staatspräsident der VR China. Bis zum Erreichen der obersten Ränge der politischen Macht hinterließ Xi dabei nahezu keine Spuren. Ein einziges Mal machte er auf sich aufmerksam, als er 1987 seine Frau, die berühmte Sängerin Peng Liyuan, heiratete. Peng wurde 1962 in der Provinz Shandong geboren und gilt als eine der wichtigsten Sängerinnen Chinas. Das Paar hat eine Tochter, Xi Mingze, geboren 1962.[68]

Die Kommunistische Partei und ihre Funktionäre dominieren das politische Leben auf allen Ebenen des stark zentralistisch organisierten „Parteistaates". Politische Oppositionsbewegungen werden unterdrückt und ihre Vertreter strafrechtlich verfolgt. Derweil hat die Macht des Staatspräsidenten Xi Jinping, die mit einem gesteigerten Personenkult einhergeht, einen neuen Höhepunkt erreicht. Der Staatsaufbau der Volksrepublik China folgt in Kernelementen dem Modell der ehemaligen Sowjetunion. In der Verfassung wird ausdrücklich eine Ablehnung der Machtbe-

---

67 Senger, Haro von: Die VR China und die Menschenrechte. In: Boike Rehbein, Jürgen Rüland, Judith Schlehe (Hrsg.): Identitätspolitik und Interkulturalität in Asien: ein multidisziplinäres Mosaik. LIT, Münster 2006, ISBN 3-8258-9033-3, S. 119 -144.

68 https://www.bpb.de/themen/asien/china/325116/chinas-staatschef-xi-jinping.

grenzung gegenüber der Exekutive, Legislative und Judikative geregelt. De facto steht die KPC über der Verfassung und über dem Volk: Die Partei, nicht das Volk ist der Souverän im Staat. Die Staatsverfassung besitzt folglich nur begrenztes Gewicht für die Praxis der politischen Willensbildung, Konfliktbewältigung und Entscheidungsfindung.[69]

Offiziell ist Folter in der Volksrepublik China per Gesetz verboten. Die Polizei und Sicherheitsbeamte sehen darin aber keinen Grund, Verdächtige nicht zu quälen, bis sie ein Geständnis liefern. China geht auch gegen Opferanwälte vor und schreckt nicht vor Misshandlung und Folter zurück. Entgegen seinem russischen Nachbarn sind die chinesischen Foltermethoden dezenter und werden vielfach in die Hinterzimmer verlegt. Der Diktator und uneingeschränkte Herrscher Chinas ist weit weg von jenen Gräueltaten. Lupenrein und kerngesund sind seine sterilen Hände. Die Methode, Geständnisse zu erzwingen, ist den Machthabern im roten Reich bekannt und wird sehr gern toleriert. Somit haben Sicherheitskräfte und Polizei nahezu freie Hand in der Wahl ihrer Mittel.

„Das chinesische Rechtssystem verlässt sich zu einem großen Teil auf Geständnisse, die durch Misshandlungen und Folter erzwungen werden", sagt Verena Harpe[70], China-Expertin bei Amnesty International in Deutschland. „Der neue Amnesty-Bericht beweist: Gerade Anwältinnen und Anwälte, die sich für Opfer staatlicher Gewalt einsetzen, werden bedroht, belästigt – und selbst gefoltert", so Harpe weiter. „So sollen sie davon abgeschreckt werden, Fälle von Menschenrechtsaktivisten und Angehörigen unterdrückter Minderheiten zu übernehmen." Folter und Misshandlungen durch die Polizei, unter anderem in Form von Schlägen, Schlafentzug und stundenlangen Fesselungen, sind die üblichen Methoden in

---

69 https://www.bpb.de/themen/asien/china/44270/charakteristika-des-politischen-systems.
70 https://www.facebook.com/verena.harpe/

der ersten Stufe. „Trotz einer Reihe rechtlicher Reformen hat es die chinesische Regierung in den vergangenen fünf Jahren nicht geschafft, Folter durch Polizisten zu verhindern und damit nationales Recht durchzusetzen", sagt China-Expertin Harpe. „Amnesty International hat 590 Gerichtsurteile aus vergangenen Monaten analysiert, in denen die Angeklagten angaben, sie seien durch Folter zu Geständnissen gezwungen worden", so Harpe. In 16 Fällen ließen die Gerichte Einsprüche gegen die Geständnisse zu, nur in einem Fall endete der Prozess mit einem Freispruch. „Amnesty International fordert die chinesische Regierung dazu auf, das System aus Folter und Misshandlung abzuschaffen", sagt Harpe.

„Menschenrechtsaktivisten und Anwälte müssen ohne Angst vor willkürlichen Festnahmen und Folter arbeiten können, erzwungene Geständnisse dürfen vor Gericht nicht mehr als Beweismittel gelten."[71] Erste Schritte, die einen vorsichtigen Optimismus erlauben. Dennoch ist die chinesische Regierung noch weit davon entfernt, die menschenrechtlichen Vorgaben zu beachten. Das Gegenteil ist oft der Fall, und die chinesische Regierung unternimmt außerordentliche Anstrengungen, um Verstöße gegen internationale Menschenrechtsnormen zu vertuschen.

„Gegen Uigur*innen, Kasach*innen und anderen muslimische Minderheiten werden Verbrechen gegen die Menschlichkeit und andere schwere Menschenrechtsverletzungen begangen, die dazu führen könnten, dass ihre religiöse und kulturelle Identität ausgelöscht wird." Theresa Bergmann, Asien-Expertin bei Amnesty International in Deutschland, sagt: „Die chinesischen Behörden haben in Xinjiang ein ausgeklügeltes Überwachungssystem kreiert und ein Netzwerk von Hunderten ‚Bildungs- und Transformationseinrichtungen' geschaffen. Bei diesen ‚Umerziehungslagern' handelt es sich in Wirklichkeit um Internie-

---

71 https://www.amnesty.de/2015/11/12/amnesty-bericht-zu-folter-china.

rungslager. Folter und andere Misshandlungen sind dort an der Tagesordnung."[72]

Wie in vielen anderen autoritär regierten Ländern ist auch in China wegen mangelnder Disziplin die Korruption für erste Verfallserscheinungen der KPC zu sehen. Die zunehmende Härte gegenüber der Bevölkerung zeigt sich nicht zuletzt auch in der regen Anwendung der Todesstrafe. Mit jährlich Tausenden von Hinrichtungen wird in dem Land laut Amnesty International die Todesstrafe weltweit am häufigsten vollzogen – sie kann dort für nicht weniger als 46 Vergehen verhängt werden. Dazu zählen im chinesischen Rechtssystem auch einige gewaltfreie Delikte wie Drogenschmuggel, Korruption oder Verrat von Staatsgeheimnissen. Hingerichtet wird in China mit der Giftspritze und mit Schusswaffen.[73]

Lediglich in Honkong wie auch in Macau wird die Todesstrafe nicht angewandt. Obwohl die Todesstrafe in den Sonderverwaltungszonen auch weiterhin nicht angewandt wird, können in Festlandchina zum Tode Verurteilte dorthin ausgeliefert werden.

Häufige Folter- und Misshandlungsmethoden in der VR China

Beinahe jeder Inhaftierte in der Volksrepublik China musste bzw. muss Schläge und Tritte erdulden. Diese mit Abstand häufigste Misshandlungsmethode fällt nach der Haftentlassung oft besonders ins Auge, da die Opfer zum Teil sehr ausgedehnte Blutergüsse und Verletzungen am Körper aufweisen. Eine Reihe von Folteropfern berichtet, dass sie einige Wochen vor ihrer Entlassung aus den Lagern oder Haftanstalten nicht mehr durch Schläge oder andere Foltermethoden gequält wurden, die offensichtliche äußere Spuren hinterlassen. Schläge wie

---

72 https://www.amnesty.de/allgemein/pressemitteilung/china-xinjiang-muslimische-minderheiten-inhaftierung-folter.
73 Amnesty International: Amnesty-Bericht zur Todesstrafe 2019.

auch andere Foltermethoden fügen den Opfern Wunden zu, die in den meisten Fällen medizinisch nicht oder erst viel zu spät versorgt werden. Entzündungen und noch größere Schmerzen bei weiteren Misshandlungen sind die Folge.

Fußtritte und Faustschläge

Beide werden sehr häufig eingesetzt, auch gegen die Genitalien oder andere besonders empfindliche Körperteile. Es liegen Berichte vor, nach denen Opfer wiederholt bis zur Bewusstlosigkeit geschlagen oder getreten wurden.

Durch andere Häftlinge

Andere Häftlinge befolgen mit Aussicht auf Haftverkürzung oder -erleichterung die Aufforderungen der Sicherheitskräfte und verprügeln und treten das Opfer.

Mit Knüppeln oder anderen schweren, stumpfen Gegenständen

Die Schläge erfolgen oft gegen besonders empfindliche Körperteile, unter anderem im Bereich des Kopfes, der Genitalien und der Gelenke. Es gibt vereinzelte Berichte, bei denen die Opfer auch mit Hämmern gequält wurden.

Schläge auf das Gesäß

Diese Folter wird auch „Brett weitergeben" genannt. Das Opfer wird mit einem Brett, Knüppel oder Stock zum Teil Hunderte Male geschlagen. Schwere Blutergüsse und zum Teil offene Wunden sind die Folgen.

Mit Nagelknüppeln

Das Opfer wird mit einem Knüppel, einem Kantholz oder einer Latte geschlagen, aus der bzw. aus dem Nägel hervorstehen. Die Folge sind schwerste, auch tödliche Verletzungen.

Verdrehen der Arme

Dem Opfer werden die Arme gewaltsam auf den Rücken gedreht.

Überdehnen der Beine I
Das Opfer steht mit gestreckten Beinen im Raum. Der Kopf muss so weit wie möglich nach unten gebeugt werden, und die Finger zeigen zum Boden. Diese Methode ist oft mit der „Flugzeug-Methode" (siehe unter: Erzwungenes Verharren in schmerzhaften Positionen) gekoppelt. Das Opfer steht mit geschlossenen, gestreckten Beinen vor einer Wand und muss zusätzlich noch die Hände seitlich nach oben an die Wand legen.

Überdehnen der Beine II („Tigerbank")
Das Opfer wird auf einer schmalen Holz- oder Eisenbank an Oberschenkeln und Knien festgebunden. Die Hände werden hinter dem Rücken gefesselt. In gewissen Abständen werden Bretter oder Ziegel unter die Füße geschoben. Die Beine des Opfers werden überdehnt, und es erleidet entsetzliche Schmerzen. Dem sitzenden Opfer wird der Kopf nach unten gedrückt, bis die Stirn die Oberschenkel berührt.

Bettpressen
Das Opfer wird mit gestreckten Beinen auf den Boden gesetzt. Ihm werden Kopf und Oberkörper auf die Beine gedrückt. In dieser Position wird es durch Fesseln fixiert und unter ein Bett gezwängt. Folterer oder andere Häftlinge steigen anschließend auf das Bett, gehen auf und ab und springen.

Überdehnen der Fußgelenke
Dem sitzenden Opfer werden die Fußspitzen nach außen auf den Boden gedrückt, in der Regel, indem sich der Folterer auf die Füße des Opfers stellt oder auch springt.

Verdrehen und Überdehnen der Oberarme
Die Hände des Opfers werden hinter dem Rücken gefesselt – eine Hand von oben über die Schulter, die andere von unten über den unteren Rücken. Dann werden die Hände sehr nah zusammengezogen und Handschellen angelegt. Bei dieser Folter werden die Opfer in der Regel nach rund 20 Minuten ohnmächtig. Den-

noch werden Gefangene bis zu 4 Stunden auf diese Art gefoltert. Laut Berichten wurde das Opfer in manchen Fällen zusätzlich gezwungen, zu „tanzen", um den Schmerz zu verschlimmern.

Hochziehen an nach hinten verdrehten Armen

Die Arme des Opfers werden auf den Rücken gedreht, und ein dünnes Seil wird umgebunden. Dann werden die Arme des Opfers nach oben gezogen, dabei überdehnt und häufig ausgekugelt. Das Seil schneidet sich in das Fleisch des Opfers. Der Schmerz ist so stark, dass das Opfer manchmal die Kontrolle über die Blase verliert. Berichten zufolge ist es zu Todesfällen gekommen, wenn die Opfer mehrfach nacheinander auf diese Weise misshandelt wurden.

Erzwungenes Verharren in schmerzhaften Positionen

Das Opfer muss – oft über mehrere Tage hinweg und in manchen Fällen auch gefesselt – in einer bestimmten Position verharren. Diese Bestrafung ist oft mit dem Entzug von Nahrung, Wasser oder Schlaf gekoppelt.

Hock- und Stehzellen

Der Käfig ist niedriger als das Opfer. Die Dimensionen sind so abgemessen, dass das Opfer weder aufrecht stehen noch liegen kann. Außerdem ist das Opfer oft noch mit Handschellen an die Gitterstangen gekettet. Die Schmerzen, die schon nach kurzer Zeit durch die unnatürliche Haltung entstehen, sind so unerträglich, dass Durst, Schlafmangel, Hunger etc. völlig in den Hintergrund treten.

Langes Stehen in der „Stillgestanden"-Position

Das Opfer steht in gleißender Sonne, Füße auf dem heißen Untergrund, manchmal ohne Schuhe oder Socken. Neben den Qualen des langen Stehens erleidet das Opfer außerdem einen Sonnenbrand.

Im Winter im Freien stehen

Das Opfer muss bei beißender Kälte über Nacht im Freien bleiben oder auf Schnee oder Eis stehen. Je nach der Dauer der Folterung kann es zu Erfrierungen der Zehen oder auch der Füße kommen.

Stehen auf einem Stuhl („einen Adler ermüden")

Das Opfer steht auf einem hohen Stuhl. In dieser Position müssen die Opfer in manchen Fällen noch ihre Arme nach oben strecken. Sobald das Opfer aus Erschöpfung vom Stuhl fällt, wird es geprügelt und auf den Stuhl zurückgezwungen.

Langes Stehen auf einem Bein

Das Opfer wird gezwungen, das Gleichgewicht auf einem Bein zu halten. Gelingt das nicht oder fällt das Opfer vor Erschöpfung um, wird es getreten und geschlagen.

Auf Ziegeln stehen

Das Opfer muss auf einem Turm aus Ziegelsteinen stehen, die Hände über dem Kopf an der Decke gefesselt. Sobald das Opfer die Balance verliert, stürzt der Turm um, und das Opfer hängt in der Luft.

„Flugzeug"

Das Opfer steht mit dem Kopf nach unten und den Händen seitlich nach oben gestreckt (wie die Flügel eines Flugzeugs) an der Wand.

Im 90°-Winkel stehen

Das Opfer muss, mit den Händen hinter dem Kopf, seinen Oberkörper im 90°-Winkel nach vorn gebeugt halten.

Sitzen im Eisenstuhl

Das Opfer ist zum Teil mehr als eine Woche lang auf einem Stuhl aus Metall gefesselt. Das Opfer ist dabei gezwungen, seine Notdurft auf diesem Stuhl zu verrichten und darin zu sitzen. Neben der Erniedrigung wird das Gesäß wund gesessen.

Sitzen auf einem Brett mit kantigem Profil

Sitzen auf einem Eisenbrett mit scharfen Erhebungen und Einkerbungen. Nach einiger Zeit kommt es zu blutenden Wunden. Infektionen sind häufig.

Sitzen auf kantigen Gegenständen

Das Opfer muss lange Zeit auf kantigen Gegenständen sitzen, ohne sich bewegen zu dürfen.

Sitzen auf einem Besen

Das Opfer wird gezwungen, auf dem Stiel eines Besens über längere Zeit zu sitzen. Wenn ihm dies nicht gelingt, wird es mit Schlägen bestraft.

Langes Hocken

Das Opfer muss auf zwei Beinen hocken, seinen Kopf mit den Händen halten und die Ellenbogen auf die Oberschenkel stützen. Dies lässt die Beine taub werden und verursacht Schmerzen im ganzen Körper.

Extrem langes Hocken

Das Opfer wird gezwungen, über einen sehr langen Zeitraum in der Hocke zu verharren. Das Opfer kann sich dabei mit den Händen abstützen, es bilden sich aber an den Händen nach einiger Zeit Blutergüsse. Die Opfer werden während der gesamten Zeit bewacht. In der Regel von Mithäftlingen, denen auf der einen Seite Vergünstigungen versprochen werden, auf der anderen Seite Strafen drohen, wenn sie dem Opfer Ruhe gewähren. Das extrem lange Hocken ist mit Schlafentzug verbunden. Fällt das Opfer um, wird es gezwungen, sofort wieder die hockende Position einzunehmen. Das geschieht so lange, bis das Opfer zusammenbricht. Teilweise wird das Opfer danach erneut zum langen Hocken gezwungen. Die Opfer leiden unter anderem unter Lähmungen und lange anhaltenden Schmerzen. Im längsten der IGFM bekannten Fall wurde eine junge Frau über einen gesamten Monat zum Hocken gezwungen. Ihr weiteres Schicksal ist nicht bekannt.

„Militärhocken"

Das Opfer wird in die Hocke gezwungen, die Füße in kurzem Abstand hintereinander. Der hintere Fuß berührt den Boden nur zur Hälfte und trägt nahezu das ganze Körpergewicht. Normalerweise schmerzt die Methode bereits nach ein paar Minuten, insbesondere im hinteren Fuß und im Bein. Manchmal führt es zu vollständigem Verlust des Gefühls und der Kontrolle über das Bein.

Hocken auf einem Quadrat

Das Opfer muss auf einer Bodenfliese hocken, die ca. 30 x 30 cm misst. Der Kopf muss erhoben sein, und die Füße dürfen die Abgrenzung nicht überragen.

Breitbeinig Hocken („ein Pferd reiten")

Das Opfer muss breitbeinig hocken, und beide Arme müssen nach vorn, parallel zum Boden, ausgestreckt werden.

Hocken in einer Ecke

Das Opfer wird mithilfe von Tischen und Brettern in eine Ecke des Raumes gezwängt und muss dort auf kleinstem Raum hocken.

Hocken mit erhobenen Fersen

Das Opfer muss über Nägeln hocken, die unter seinen Fersen auf dem Boden befestigt sind. Es muss die Fersen erhoben halten, um eine Berührung mit den Nägeln zu vermeiden.

An Gitter gefesselt hocken oder stehen

Auch in dieser Position ist es dem Opfer unmöglich, zu schlafen oder zu essen.

An Heizungsrohre fesseln

Das Opfer wird über längere Zeit mit Handschellen an ein heißes Heizungsrohr gefesselt.

Stehen/knien/hocken/sitzen mit gefesselten Armen

Den Opfern werden die Arme entweder hinter dem Rücken oder zwischen den Beinen mit Handschellen gefesselt. Oft kommen Fußfesseln noch hinzu.

Das Opfer kann weder schlafen noch laufen, stehen, die Toilette benutzen oder essen.

Das Opfer kann sich oft über Wochen hinweg nur halb gehockt und gebückt fortbewegen.

„Schwert auf dem Rücken tragen"

Diese Position führt besonders schnell zum Einsetzen von Schmerzen und Lähmungen.

Auf Ziegeln, Aschenbechern oder anderen kantigen Gegenständen knien

Das Opfer muss sich hinknien. Unter seinen Knien befinden sich dabei Ziegel, Aschenbecher, kantige Holzscheite oder Ähnliches.

An einer Stange hängen

Das Opfer muss kopfüber an einer Stange hängen. Die Unterschenkel liegen auf der Stange, und die Hände umfassen die Knie. Das Körpergewicht lastet im Wesentlichen auf den Kniekehlen. Diese Foltermethode wird als ausgesprochen schmerzhaft beschrieben.

„Höllenfessel"

Zangenförmige Klammern schneiden in Fuß- und Handgelenke des Opfers ein. Ein Opfer in „Höllenfesseln" kann weder stehen noch hocken, sich bewegen oder schlafen.

An ein „Todesbrett" fesseln

Diese Bestrafung ist oft mit Isolation gekoppelt. Das Opfer ist über Wochen an ein Holzbrett gefesselt, alle Gliedmaßen ausgestreckt und fixiert. Das Opfer ist durchgehend angekettet und muss von Mitgefangenen gefüttert werden. Die Opfer müssen auch auf dem Brett schlafen und in ihrem Harn und Stuhlgang liegen. Einige der Opfer wurden zuvor nackt ausgezogen. Es kommt zu Dekubital-Geschwüren (Druckgeschwür, Wundliegen).

Aufhängen

An Handschellen aufgehängt zu werden, verursacht bereits in der „einfachsten" Ausführung große Schmerzen. Die chinesischen Sicherheitsorgane variieren diese Folter auf grausame Art.

An den Händen aufhängen („einen Käfig aufhängen")

Die Hände des Opfers werden gefesselt. Dann zieht die Polizei die Hände des Opfers über den Kopf und hängt es auf, bis die Füße den Boden nicht mehr berühren. Eine Variation dieser Methode ist es, das Opfer mit Handschellen an einen Baum oder an eine Stange zu hängen.

An den Füßen aufhängen („Großes Hängen")

Das Opfer wird kopfüber an den Füßen aufgehängt.

„Mieder" (Zwangsjacke)

Das „Mieder" besteht aus einem Stück Segeltuch mit Ärmeln. Die Ärmel sind länger als die Arme und mit Bändern ausgestattet. Mit diesen Bändern werden die Arme des Opfers gekreuzt und auf den Rücken gebunden und dann mit Gewalt über den Kopf zur Brust gezogen. Bei diesem gewaltsamen Nach-oben-Reißen der Arme werden die Schultergelenke ausgekugelt, die Ellenbogen- und Handgelenke gebrochen. In einigen Fällen wurden die Opfer anschließend unter unbeschreiblichen Schmerzen an beiden Füßen kopfüber aufgehängt.

Elektroschocks

Opfer sind mit bis zu einem Dutzend Elektrostöcken gleichzeitig, z. T. über mehrere Stunden hinweg, misshandelt worden.

Die Opfer werden überall im Gesicht, auch an den Augen, an den Genitalien, Brustwarzen und anderen empfindlichen Körperteilen, geschockt. Elektrostöcke werden auch in den Mund und in die Vagina eingeführt. Die Elektroschocks hinterlassen

Brandnarben. Diese Wunden entzünden sich oft und machen so weitere Elektroschocks noch schmerzhafter.

Zwangs-„Ernährung"

Immer wieder treten Gefangene in den Hungerstreik, um gegen ihre Haftbedingungen oder gegen das Fehlen jeder Rechtsgrundlage für ihre Haft zu protestieren. Solche Häftlinge werden meist mit Zwangsernährung bestraft. Der Zweck polizeilicher Zwangsernährung ist jedoch nicht die Ernährung selbst. Vielmehr sollen der Wille und der Widerstand des Opfers gebrochen werden.

Schlauch durch die Nase einführen

Ein Schlauch wird ohne Gleitmittel durch die Nase in den Magen des Opfers eingeführt. Der Schlauch wird nicht von medizinischem Personal, sondern von Angehörigen der Wachmannschaft gelegt. Verletzungen werden in Kauf genommen.

Schläuche wiederholt einführen und hinausziehen

Der Schlauch wird wieder entfernt und erneut eingeführt. Einige Opfer sind dadurch zu Tode gekommen, vermutlich durch aspiriertes Blut.

Einführen von scharfen, abstoßenden oder heißen Substanzen

Dem Opfer werden z. B. gesättigte Salzlösung, Essig, Alkohol, roter Pfeffer, Urin oder Fäkalien eingeflößt. Diese Methode führt unter anderem zu starkem Brechreiz. Auch sehr heißes oder kochendes Wasser ist Häftlingen eingeflößt worden.

Schläuche im Magen lassen

Einigen Opfern wurde der Schlauch über Stunden im Magen belassen. Da sie gefesselt waren, konnten sie ihn nicht selbst herausziehen.

Gewaltsames Mundöffnen

In manchen Fällen wird das Opfer auch über den Mund „ernährt". Um Opfer zu zwingen, den Mund zu öffnen, bedient sich die Polizei roher Gewalt. Oft werden andere Häftlinge gezwungen, mit Eisenlöffeln oder anderen harten Gegenständen den Mund des Opfers gewaltsam zu öffnen. Mund und Zähne des Opfers werden dabei verletzt.

Zigaretten

Finger, Zehen, Gesichter, Geschlechtsteile, Brustwarzen und andere Körperteile werden mit Zigaretten verbrannt. Berichten zufolge wurden in einigen Fällen die Opfer gezwungen, eine brennende Zigarette herunterzuschlucken.

Glühende Eisenstangen

Einigen Opfern sind mit glühenden Eisenstangen schwere Verbrennungen zugefügt worden. Unter den hygienischen Bedingungen in den Lagern und Haftanstalten der Volksrepublik China ist es fast unausweichlich, dass sich solche Verletzungen anschließend entzünden.

Heißes Wasser über den Kopf gießen

Dem Opfer wird sehr heißes Wasser über den Kopf gegossen, um es zu verbrühen.

Kochendes Wasser einflößen

Dem Opfer wird über einen Schlauch sehr heißes oder kochendes Wasser in Mund oder Nase eingeführt. Innere Verbrühungen sind die Folge.

Hunger

Manche Opfer werden zum Teil über lange Zeiträume nur sehr unzureichend mit Lebensmitteln versorgt. Zum Teil erhalten Gefangene über Tage gar keine Essensration. Manche Opfer haben große Hungerödeme entwickelt, andere waren bis zum Skelett abgemagert und zu schwach, um sich aufzurichten.

Durst

Das Opfer hat über Tage hinweg nur eine völlig unzureichende Menge an Wasser zur Verfügung. Als Strafe oder aus Gleichgültigkeit erhalten manche Gefangene zeitweise auch gar kein Wasser.

Schlafentzug

Die Opfer werden über Tage daran gehindert, zu schlafen. Dazu dienen z. B. Fesselungen in schmerzhaften Positionen (siehe oben), aber auch Dauerlicht, Lärm und vor allem Schläge, Tritte und andere Strafen, falls sich die Opfer hinlegen. Schlafentzug wird völkerrechtlich als Folter betrachtet und von den Vereinten Nationen als solche gebrandmarkt. Schlafentzug mag vergleichsweise harmlos klingen – dauerhafter Schlafentzug ist aber eine ungemein grausame Form der Folter, die zu einer Zerrüttung des Nervensystems und zu anderen schweren körperlichen und psychischen Schäden führt.

Vergewaltigung/Massenvergewaltigung

Aus politischen Gründen inhaftierte Frauen werden in die Zellen von männlichen Kriminellen gesperrt. Teilweise werden die Frauen schon vorher nackt ausgezogen. Die Wärter befehlen den Kriminellen, die Frau zu vergewaltigen oder geben ihnen zumindest zu verstehen, dass sie sich an dem Opfer ungestraft vergehen können. Gefangene sind auch von Wärtern vergewaltigt worden. Auch männliche politische Gefangene werden Opfer sexueller Gewalt durch Kriminelle oder Wärter.

Einführen von Gegenständen

Unterschiedliche Gegenstände werden in Vagina oder After des Opfers eingeführt, darunter Flaschen, Knüppel, Bürsten.

Andere Formen sexueller Gewalt

Die Perversion von einigen Angehörigen der „Sicherheitsorgane" in der Volksrepublik China kennt kaum Grenzen. Den Opfern fällt es in diesem Bereich noch schwerer, über das Erlittene zu berichten. Wenn sie es doch tun, dann äußern sie in der Regel den Wunsch, dass darüber nicht berichtet wird.

Isolations-Dunkelzellen

Kleine Zellen bieten zum Teil weniger als 3 m² Fläche. Isolationszellen haben in der Regel weder Fenster noch Bett, Wasser oder eine Toilette. Das Opfer wird über Monate in eine solch kleine Zelle gesperrt und muss dort essen, schlafen, seine Notdurft verrichten. Da die Zelle weniger als 1,5 m hoch ist, kann man nicht aufrecht stehen. Manchmal werden zur Verschärfung die Hände an die Zellentür gefesselt, sodass das Opfer tagelang nicht schlafen kann. Es kommt außerdem vor, dass noch Wasser auf den Boden geschüttet wird, um das Schlafen weiter zu erschweren.

„Wasserkerker"

Das Opfer wird nackt in einen Eisenkäfig gesperrt und bis zum Hals in Wasser abgesenkt. Das Opfer kühlt sehr schnell aus, kann sich nicht setzen oder schlafen. Wird es bewusstlos, so ertrinkt es. Einige dieser Käfige sind Berichten zufolge mit Nägeln versehen, damit sich das Opfer nicht anlehnen kann.

Verbot von Augenkontakt und Gesprächen

Dem Opfer wird jegliches Gespräch, jeder Blickkontakt etc. zu seinen Mithäftlingen bei Strafe untersagt.

Stechen unter die Fingernägel

Das Stechen von spitzen Gegenständen wie Bambusstäben, Nadeln oder Nägeln ist verbreitet. In mindestens einem bekannten Fall wurden dem gefesselten Opfer durch einen Arzt Kanülen von vorne unter die Fingernägel getrieben.

Durchstechen der Fingerspitzen

Spitze Bambusstäbe werden z. T. mit einem Hammer durch die Fingerspitzen unter den Fingernagel des Opfers getrieben. Dies löst in der Regel den Fingernagel komplett ab. Der Stab wird zuerst in einen Finger getrieben. Teilweise sind nacheinander alle Finger „behandelt" worden.

Durchstechen von Körperteilen

Lippen, Brustwarzen, Genitalien und beispielsweise die Haut auf dem Rücken werden mit spitzen Gegenständen wie Nadeln oder Nägeln durchstochen. In mindestens einem Fall wurden dicke Kanülen in die Kniegelenke eines Opfers getrieben und gewaltsam hin und her bewegt.

Schnittwunden

Mit Messern, Rasierklingen oder Glasscherben wird die Haut der Opfer zerschnitten.

Verletzen der Nase und der Ohren

Dem Opfer werden kleine Stäbe in die Nase oder die Ohren gestoßen. Das Durchstechen des Trommelfells ist dabei besonders schmerzhaft.

Psychiatriemissbrauch

Es sind Fälle bekannt, in denen die Opfer aus rein politischen Gründen in psychiatrischer Haft festgehalten werden, z. B. weil sie sich für Demokratie und Meinungsfreiheit eingesetzt oder weil sie buddhistische Meditationsübungen praktiziert haben. Gegen sie liegen in der Regel keine Anklage und kein Urteil vor. Ohne ein Urteil fehlt aber auch eine zeitliche Befristung der Haft. Die Opfer sind so durch den Beschluss einer Behörde quasi unbefristet in Haft. Selbst eine theoretische Hoffnung auf ein Berufungsverfahren existiert nicht.

Gesunde Gefangene in psychiatrischen Haftanstalten

Eine Reihe von völlig gesunden Opfern sind ohne jedes Anzeichen einer geistigen Erkrankung in geschlossene psychiatrische Anstalten eingeliefert worden. Sie wurden bzw. werden dort nicht nur ihrer Freiheit beraubt, sondern auch mit tatsächlichen, teils gewalttätigen psychisch Kranken zusammengesperrt.

Injektion von Drogen in psychiatrischer Haft
Politische Gefangene werden systematisch pharmakologisch misshandelt. Zu den verabreichten Mitteln gehören Psychopharmaka. Nähere Einzelheiten über die verabreichten Substanzen sind der IGFM leider noch nicht bekannt.

„Plastiktüte"
Dem Opfer wird eine Plastiktüte über den Kopf gestülpt. Die Opfer geraten in Panik.

Kopf in einen Eimer Wasser oder Urin drücken
Der Kopf des Opfers wird gewaltsam in einen Eimer mit Wasser oder Urin gedrückt bis kurz vor oder bis zum Eintritt der Bewusstlosigkeit. Schon das Herunterdrücken des Kopfes ist schmerzhaft.

Wasser einflößen
Dem Opfer wird eine große Menge an Wasser in den Mund eingeflößt, dabei wird ihm die Nase zugehalten. Verschlucken, Erstickungsgefühl und Panik sind die Folge.

Strangulieren
Das Opfer wird mit einem Seil, Gürtel, Tuch oder Ähnlichem um den Hals stranguliert. Teilweise bis zum Eintritt der Bewusstlosigkeit. In einigen Fällen sind den Opfern nasse Handtücher vor das Gesicht gehalten worden.

Hunde
Die Polizei droht mit dem Angriff eines Hundes oder veranlasst einen Hund, das Opfer zu beißen.

Insekten
Das Opfer wird wenig oder unbekleidet im Freien gefesselt. In einigen Regionen in der Volksrepublik führt das unweigerlich zu einer enormen Zahl von Mückenstichen. Aus dem GULAG der Sowjetunion ist bekannt, dass in einigen Fällen die Opfer auf diese Weise getötet wurden.

Schlangen

Es gibt einzelne Berichte, nach denen Opfer mit Schlangen geängstigt wurden. In einem Fall wurden die Hände eines Opfers in einen Sack mit einer Schlange gesteckt.

Brechen von Fingern und Knochen

Vor allem das Brechen von Fingern ist weit verbreitet. Den Opfern wird gedroht, ihnen würden nacheinander alle Finger gebrochen werden, wenn sie sich nicht dem Willen des Folterers unterwerfen würden (z. B. unterschreiben einer Erklärung, abschwören von der buddhistischen Meditationspraxis Falun Gong etc.).

Auskugeln von Gelenken

Das Auskugeln der Finger-, aber auch der Armgelenke geschieht meist analog zum Brechen der Finger (s. oben). Gleiches gilt für das Stechen von Nadeln etc. unter die Fingernägel.

Extrem laute Töne über Kopfhörer

Die gefesselten Opfer werden über einen langen Zeitraum mithilfe von Kopfhörern extrem lauter Musik oder Propagandabändern ausgesetzt.

Verweigern ausreichender medizinischer Versorgung Personen, die krank inhaftiert wurden oder in der Haft erkrankten, werden teilweise dadurch bestraft, dass ihnen die notwendige medizinische Versorgung oder auch nur Schmerzmittel verweigert werden. Durch Misshandlungen oder Folter entstehen häufig äußere oder auch innere Verletzungen. Die Weigerung, die Opfer angemessen medizinisch zu versorgen oder zeitnah zu behandeln, erhöht und verlängert das Leiden der Opfer weiter.

Erfrierungen

Manche Opfer werden im Winter gezwungen, barfuß im Freien zu stehen, teilweise im Schnee oder auf Eis. Schmerzen und schließlich Erfrierungen sind die Folge.

Quetschungen

Die Hand des Opfers wird zwischen zwei Tischen oder in einer Tür eingequetscht. Verbreitet sind auch Quetschungen der Haut.

Roter Pfeffer

Dem Opfer wird roter Pfeffer in die Augen oder die Nase gegeben.

Notdurft

Über mehrere Tage hinweg wird dem Opfer der Gang zur Toilette oder zum Kübel verwehrt. Die Opfer sind gezwungen, ihre Notdurft auf dem Boden ihrer Zelle zu verrichten oder, wenn sie gefesselt sind, in ihrem Harn und Stuhlgang zu liegen oder zu sitzen.

Lange Zeit laufen

Das Opfer muss ohne Unterbrechung z. T. länger als 10 Stunden laufen. Ist das Opfer erschöpft, wird anderen Gefangenen befohlen, es weiter anzutreiben. Wenn das Opfer auch durch Schläge und Tritte nicht mehr zum Weiterlaufen gezwungen werden kann, wird Mithäftlingen befohlen, es hinter sich her zu schleifen.

„Maul stopfen"

Dem Opfer werden schmutzige Stofffetzen in den Mund gestopft, um es unter anderem mundtot zu machen. Das gleiche Ziel wird mit dem Zukleben des Mundes verfolgt.

Eiskaltes Wasser über den Kopf gießen

Dem Opfer wird ein Eimer eiskaltes Wasser über den Kopf gegossen. Insbesondere im Winter leidet das durchnässte (in einigen Fällen auch nackte) Opfer sehr unter der Unterkühlung.

In Ketten rennen

Einige Opfer werden in Handschellen und Ketten aneinandergefesselt und müssen ohne Unterbrechung lange Zeit rennen. Da die Opfer durch das Laufen und die Erschöpfung ihre Bewegung nicht wechselseitig abstimmen können, fügen sie sich über die Handschellen und Ketten gegenseitig Schmerzen zu.[74]

---

74 https://www.igfm.de/china-systematische-folter.

Kapitel 16

Folter und Hinrichtung im Iran

Bis 1979 war das Land eine Monarchie unter Führung eines Kaisers. Sein Name war „Schah" – Reza Schah Pahlavi. Das Ende eines bis dahin wunderbaren Landes wurde mit der Flucht des „Schahs" besiegelt. Auf eine westlich orientierte, autoritäre Herrschaft folgte ein islamisch-theokratisches Regime, das sich bis heute mit brutaler Gewalt an der Macht hält.

Der Schah verfolgte einerseits einen strikt repressiven Kurs. Menschenrechtsverletzungen waren schon zu seiner Zeit an der Tagesordnung. Oppositionelle wurden in Haft genommen oder flohen ins sichere Exil. Andererseits stand der Monarch – auch aufgrund US-amerikanischen Drucks – in vielen gesellschafts- und wirtschaftspolitischen Bereichen für einen pro-westlichen Kurs. Mit den gestiegenen Öleinnahmen trieb er die Industrialisierung seines Landes voran. Im Land entwickelte sich eine Phase der Liberalisierung. Die Presse genoss gewisse Freiheiten, es entstanden Gewerkschaften und neue Parteien. Ab Anfang der 1960er-Jahre leitete Mohammed Reza Pahlavi eine Vielzahl von Reformen ein. So sollten etwa Frauenrechte gestärkt werden. Im Februar erhielten Frauen per Dekret das passive und aktive Wahlrecht. Die Landbevölkerung sollte Zugang zu säkularer Bildung erhalten. Zudem sollte der Staat die Gesundheitsversorgung verbessern. Von weiteren Reformen sollten insbesondere die Bauern profitieren. Religiöse Gruppen machten jedoch früh gegen die Reformen mobil – die meisten Mullahs lehnten sie restriktiv ab. Im Laufe des Jahres 1963 wuchs der Widerstand immer deutlicher an. Es kam zu schweren Unruhen, die das Schah-Regime brutal niederschlug. Nachdem Pahlavi dem Volk lange echte demokratische Mitbestimmung verweigerte und freie Meinungsäußerung unterdrückt hatte, versprach der Schah 1978 eine Demokratisierung des Landes. Seinen Sturz 1979 konnte er damit aber nicht mehr verhindern.

Am 16. Januar 1979 floh der Schah ins ägyptische Exil. Am 1. Februar erklärte Khomeini die zuvor gebildete Regierung aus Kräften der gemäßigten Opposition für illegitim. Nach Kämpfen zwischen Khomeinis Milizen und den Schah-treuen Truppenteilen setzten sich die religiösen Kräfte durch. Am 1. April 1979 wurde in Teheran nach einem Volksentscheid die islamische Republik ausgerufen. Das bedeutete zugleich eine radikale Abwehr demokratischer Strukturen und eine Zeitenwende, die den Verfall zurück ins Mittelalter einleitete.[75]

Der Iran ist heute ein Musterbeispiel der Verachtung Frauen gegenüber. Ein gut recherchierter Bericht im ARD-Fernsehen deckte eindrucksvoll die Foltermethoden in iranischen Gefängnissen gegenüber Frauen auf. Knochenbrüche, Peitschenhiebe, psychische Gewalt sind an der Tagesordnung. Ehemalige iranische Häftlinge und ein geflohener Gefängniswärter berichten, wie brutal das Regime im Iran gegen inhaftierte Frauen vorgeht. Nur der leiseste Verdacht reicht aus, um direkt von der Straße weg verhaftet zu werden und im Gefängnis zu landen. Die Frauen werden dann oft in den Männerbereich gesteckt. Auf Befehl hin werden diese Frauen dann vergewaltigt, mit der Aussicht auf Hafterleichterung oder vorzeitiger Entlassung für den Vergewaltiger.

Taleha Malawi und ihre Freundin kommen gerade vom Gitarrenunterricht, als plötzlich Sicherheitskräfte auftauchen, sie umzingeln und verhaften. Taleha Malawi muss ihr Handy abgeben, bekommt die Augen verbunden – und wird vier Stunden später schwer traumatisiert sein. So erzählt Taleha, deren Namen zu ihrem Schutz geändert wurde, wenige Wochen später im Gespräch mit einem öffentlich-rechtlichen TV-Sender und einer renommierten deutschen Tageszeitung.

---

75 https://www.bpb.de/kurz-knapp/hintergrund-aktuell/544504/16-januar-1979-sturz-und-flucht-des-iranischen-schahs.

Auszüge aus dem Recherchebericht:

„Auf der Polizeistation habe sie zunächst erlebt, wie auch Jungs in den Verhörraum gebracht worden seien. Die Jungs seien auf den Boden gelegt und geschlagen worden. Danach seien Taleha und ihre Freundin dran gewesen. Mehrere Männer, vermutete Taleha später, sollen auf sie eingetreten und mit Elektroschockern verletzt haben. Wenig später sei ihr komplettes rechtes Bein blau angelaufen gewesen. Im Verhör sei ihr gedroht worden, dass sie vom Chef geschlagen werde, wenn sie lüge."[76]

Gefangene werden vergewaltigt und gefoltert, um sie zu falschen Geständnissen zu zwingen. Erst kürzlich berichtete die Menschenrechtsorganisation Human Rights Watch (HRW) über die Folterung und Vergewaltigung von im Iran festgenommenen Demonstranten, die ethnischen Minderheiten angehören. „Das brutale Vorgehen iranischer Sicherheitskräfte gegen inhaftierte Demonstrierende, einschließlich Vergewaltigung und Folter, sind nicht nur furchtbare Verbrechen, sondern auch eine Waffe der Ungerechtigkeit, die gegen Inhaftierte eingesetzt wird, um sie zu falschen Geständnissen zu zwingen", so HRW. „Dieses Vorgehen ist außerdem eine hinterhältige und abscheuliche Art, marginalisierte ethnische Minderheiten weiter zu stigmatisieren und zu unterdrücken."

In dem Bericht der Menschenrechtsorganisation heißt es u. a.: „HWR hat auch früher schon über Fälle von Folter und sexuellen Übergriffen iranischer Sicherheitskräfte gegen Männer, Frauen und Kinder sowie über verdächtige Todesfälle in der Haft berichtet. Die Behörden haben den von den Sicherheitskräften misshandelten Personen keinen Zugang zu medizinischer Behandlung oder auch nur den einfachsten Hygieneartikeln gewährt, was die Langzeitfolgen der Verletzten weiter verschlimmert hat.

---

76 Quelle: www.tagesschau.de/investigativ/ndr-wdr/iran-gefaengnisse-folter. Abgerufen am: 15.12.2023.

Sie haben diese Fälle auch nicht untersucht und niemanden für die schweren Verstöße zur Rechenschaft gezogen."[77]

BBC-Bericht: 16-jährige Demonstrantin wurde im Iran von Einsatzkräften der Regimes vergewaltigt und getötet.

Ein geheimer Bericht, der dem britischen Sender BBC zugespielt wurde, belegt, was Menschenrechtler schon im Herbst 2022 berichtet hatten: Die 16-jährige Nika Shakarami wurde während einer Protestdemonstration in Teheran von Regime-Truppen verschleppt, vergewaltigt und ermordet. Das iranische Regime hatte behauptet, die Schülerin habe sich selbst das Leben genommen.

UNO-Menschenrechts-Experten fordern Freilassung des im Iran zum Tode verurteilten Liedermachers Toomaj Salehi.

Das Teheraner Regime greift zunehmend zu Hinrichtungen, um den Terror gegen die aufbegehrende Bevölkerung zu verschärfen. Mehrere Häftlinge, die im Zusammenhang mit der Protestbewegung für Freiheit und Menschenrechte festgenommen wurden, sind in Hinrichtungsgefahr. Zu ihnen gehört der bekannte Liedermacher und Rapper T. Salehi, der zum Tode verurteilt wurde.

UNO: Gewaltsame Unterdrückung der Frauen im Iran stoppen!

Verhaftungswelle im Iran: Das Teheraner Regime verschärft die gewaltsame Unterdrückung der Frauen und Mädchen. Einsatztruppen der Revolutionsgarde gehen im ganzen Iran mit weitverbreiteten Repressalien und Festnahmen gegen Frauen und Mädchen vor, um den Schleierzwang durchzusetzen.[78]

Der Blick in das Innere des Landes eröffnet der zivilisierten Menschheit im 21. Jahrhundert unvorstellbare Zustände. Die Todesstrafe ist eine grausame und unmenschliche Strafe. Sie verstößt gegen das Grundrecht des Menschen auf Leben und Würde. Während weltweit immer mehr Länder die Todesstrafe

---

77 http://www.menschenrechtsverein.org/index.php/cat/70/aid/32221/title/Iran:_Folter_als_Mittel_des_Regime_terrors_gegen_die_Bevoelkerung.
78 http://www.menschenrechtsverein.org/index.php/cat/58/title/Aktuelle%20Meldungen

abschaffen, setzt die Teheraner Diktatur ihre grausame Hinrichtungspraxis fort. Sie fällt täglich neue Todesurteile. Dabei werden Menschen hingerichtet, die nach internationalem Recht überhaupt keine Straftat begangen haben und auf gar keinen Fall der Todesstrafe unterliegen. Oft basieren Todesurteile auf „Geständnissen", die durch Folter erpresst wurden.

Staatsbedienstete werden für verübte völkerrechtliche Verbrechen und schwere Menschenrechtsverletzungen, darunter rechtswidrige Tötungen, Folter und Verschwindenlassen, nicht zur Rechenschaft gezogen.

„Die Behörden vertuschen weiterhin Folter und andere Misshandlung, einschließlich Vergewaltigung und andere Formen sexualisierter Gewalt, die von Staatsbediensteten während der jüngsten Proteste an inhaftierten Demonstrierenden begangen worden waren. Die Betroffenen wurden unter Druck gesetzt, ihre Anzeigen zurückzuziehen, oder mussten mit Repressalien rechnen. Auch wurden die Familien von rechtswidrig getöteten Personen schikaniert, eingeschüchtert und willkürlich festgenommen."[79]

Ein Blick in die Gebote und Regeln gegenüber dem menschlichen Leben fordert alle Gläubige unmissverständlich auf, das menschliche Leben zu schützen und zu respektieren, egal welcher Hautfarbe oder Glaubensrichtung man angehört. Die Würde des Menschen ist unantastbar! So steht es nicht nur im Grundgesetz, sondern so ist es in allen europäischen, demokratisch regierten Ländern in der Verfassung verankert. Auch in den außereuropäischen Gesetzes- und Verfassungstexten ist die Formulierung oft zu finden.

Die westliche Welt zeigt sich empört, erschrocken und nimmt diese Vorgänge kopfschüttelnd hin. Der Versuch politischer Ver-

---

79 http://www.menschenrechtsverein.org/index.php/cat/70/
aid/31631/title/Iran:_Familienangehoerige_von_Regime-Opfern_
werden_bestraft, weil_sie_Gerechtigkeit_fordern.

treter aus Demokratien, das Mullah-Regime zum Umdenken zu bewegen, ist bislang kläglich gescheitert. Die westliche Höflichkeit und Respekt vor dem Menschen sind in dieser Welt sicher nicht das probate Mittel, eine Veränderung zu erwirken. Vielmehr ist jetzt der Zeitpunkt erreicht, in aller Deutlichkeit und unverschlüsselt den Zweiflern an einer demokratisch regierten Welt den Spiegel dieser anderen, grausamen, tiefschwarzen Welt vorzuhalten.

Kapitel 17

Schockierende Realität

Amnesty International hat in den vergangenen Jahren Folter und Misshandlungen in 141 Ländern der Welt dokumentiert. In einigen Ländern handelt es sich um Einzelfälle, in vielen wird systematisch oder routinemäßig gefoltert. Es liegt im Wesen der Folter, dass sie verheimlicht wird, dass keine Aufklärung stattfindet und keine Statistiken erhoben werden.[80]

Amnesty International hat vor einigen Jahren eine weltweite Untersuchung zum Thema Folter in Auftrag gegeben. Das Ergebnis zeigte, dass mehr als ein Drittel der Befragten Folter in bestimmten Fällen für gerechtfertigt halten. Führend in der Anwendung von Folter sind Mexiko, die Philippinen, Nigeria, Usbekistan und Marokko. Das Verhaltensmuster der Foltermethoden ist weltweit identisch.[81]

Der Rechtswissenschaftler und Menschenrechtsexperte Manfred Nowak an der Universität Wien war sechs Jahre lang UN-Sonderberichterstatter und zeichnet in seinem aktuellen EU-Projekt „Atlas of Torture" ein düsteres Bild zur weltweiten Verbreitung der Folter.

„Ich habe die Lage in Bezug auf Folter und Haftbedingungen weltweit gesehen und muss erschreckende Schlussfolgerungen ziehen: In mehr als 90 Prozent der Länder wird gefoltert." In zahlreichen „Fact-Finding"-Missionen hat der Leiter der Forschungsplattform „Human Rights in the European Context" [...] die Gefängnisse und Verhörstuben dieser Welt unangekündigt

---

80 https://www.amnesty.ch/de/themen/folter/zahlen-fakten-und-hintergruende.
81 https://www.welt.de/politik/ausland/article127929234.

besucht und Beweise für physische und psychische Misshandlungen gesammelt.

Ziel ist es nun, nationale Organisationen in ihrem Kampf gegen Folter sowie bei der Entwicklung und Umsetzung von effektiven Präventions- und Kontrollstrategien zu unterstützen. „Es geht mir aber auch darum, meinen Empfehlungen Nachhaltigkeit zu verleihen", sagt Nowak. Letzteres soll im Rahmen des Projekts u. a. durch konkrete Verhandlungen mit einigen ausgewählten Ländern – Grundvoraussetzungen waren das Vorhandensein einer aktiven Zivilgesellschaft sowie einer kooperationsbereiten Regierung – erreicht werden. „Phase eins in Paraguay und Georgien ist bereits angelaufen. Mögliche Kandidaten für Phase zwei sind Nepal, Togo, Moldawien, Uruguay oder Kasachstan", erklärt Nowak.

Der Hauptgrund für Folter liegt in fast allen Fällen im Versagen der jeweiligen Strafjustiz.

„Vor allem in Diktaturen ist zu beobachten, dass Foltermethoden gegen Regimekritiker eingesetzt werden", erklärt er. Neben der dramatischen Menschenrechtslage, die laut Nowak auch mit dem „War on Terror" und seinen politischen Folgen zusammenhängt, stehen die katastrophalen Haftbedingungen in den Gefängnissen der Welt auf der Agenda des „Atlas of Torture"-Projekts. Der Rechtswissenschaftler möchte damit auch einen Beitrag zur Besserung der „weltweiten Krise der Haft" leisten.[82]

Im November 2004 reichte ECCHR[83]-Generalsekretär Wolfgang Kaleck im Namen von vier irakischen Überlebenden und des Center for Constitutional Rights (CCR) aus New York in Deutschland Strafanzeige ein. Diese war unter anderem gegen den damaligen US-Verteidigungsminister Donald H. Rumsfeld, den ehemaligen CIA-Direktor George Tenet sowie einige ranghohe Militärs wegen Verstößen gegen die UN-Antifolterkonvention und das deutsche Völkerstrafgesetzbuch gerichtet. Die Strafanzeigen richteten sich

---

82 https://idw-online.de/de/news422358
83 European Center for Constitutional and Human Rights

gegen die Straflosigkeit führender Repräsentanten aus Regierung, Militär und Geheimdiensten. Sie stützten sich auf das in Deutschland und Frankreich verankerte Weltrechtsprinzip (Universelle Jurisdiktion). Danach ist die Verfolgung schwerster Verbrechen auch in einem Drittstaat möglich, obwohl die Straftaten in anderen Ländern begangen wurden. Da weder im Heimatstaat von Täter*innen und Opfern noch im Tatortstaat oder durch ein zuständiges internationales Gericht entsprechende Verfahren eingeleitet wurden, können die Ermittlungen zunächst auch von Deutschland oder Frankreich ausgeführt werden.

Zwischen 2004 und 2007 wurden in Deutschland und Frankreich insgesamt drei Strafanzeigen gegen Regierungsmitglieder der US-Regierung, unter anderem gegen den ehemaligen Verteidigungsminister Donald Rumsfeld und Angehörige der Streitkräfte, wegen Kriegsverbrechen, Folter und weiterer Straftaten in den Militärgefängnissen Guantánamo und Abu Ghraib gestellt. Die jeweils zuständigen Anklagebehörden in Karlsruhe und Paris verzichteten jedoch in allen Fällen auf die Aufnahme von Ermittlungen. Dagegen eingelegte Rechtsmittel wurden von den Gerichten verworfen.

Die Öffentlichkeit zeigte sich über die Folterungen und Misshandlungen in dem von den USA geführten irakischen Gefängnis Abu Ghraib und in dem US-amerikanischen Militärstützpunkt in Guantánamo Bay auf Kuba tief erschüttert. Doch die Verantwortlichen für diese Straftaten wurden bislang nicht zur Rechenschaft gezogen. Während einige US-Militärs niedrigen Ranges in speziellen Militärgerichtsverfahren für die Folterungen in Abu Ghraib verurteilt wurden, blieben ihre Vorgesetzten ebenso wie hohe Militärs und Regierungspolitiker*innen unbehelligt. Dabei hatten sie die Straftaten direkt und indirekt angeordnet oder – wie im Fall ranghoher Jurist*innen – zu legitimieren versucht.

Die Rechtslage ist eindeutig: Folter ist unter allen Umständen verboten. Wer Folter anwendet, anordnet oder billigt, muss sich dafür vor Gericht verantworten. So sieht es die UN-Antifolterkonvention vor. 146 Staaten haben die Konvention ratifiziert.

Wird Folter nicht anerkannt und gesühnt, erfahren die Folterüberlebenden und ihre Angehörigen nicht nur kein Recht, sondern das erlittene Unrecht wird vertieft. Individuelle wie gesellschaftliche Traumata sind die Folge. Der Kreislauf von Folter, Straflosigkeit und weiterem Unrecht kann ohne (rechtliche) Aufarbeitung nicht gestoppt werden. Deswegen gehören nicht nur niederrangige Täter*innen, sondern vor allem ihre Vorgesetzten sowie die politischen und militärischen Entscheidungsträger auf die Anklagebank – und zwar auch jene aus politisch oder wirtschaftlich mächtigen Staaten.

Im Kampf gegen Folter nutzt das ECCHR gemeinsam mit Überlebenden und Partnerorganisationen verschiedene rechtliche Mittel und Wege: Der Gang vor den Internationalen Strafgerichtshof ist wie im Fall der Folter britischer Militärs an Gefangenen im Irak eine Option. Eine andere Möglichkeit, die das ECCHR nutzt, ist die Anwendung des Weltrechtsprinzips (oder Prinzip der Universellen Jurisdiktion) in Drittstaaten wie Deutschland, der Schweiz, Österreich und Schweden – beispielsweise gegen Verantwortliche des US-Folterprogramms im Namen des „Kriegs gegen den Terror", gegen den bahrainischen Generalstaatsanwalt oder bei den Strafanzeigen gegen hochrangige Mitglieder der syrischen Militärgeheimdienste.[84]

- In 43 Ländern weltweit werden Frauen als Hexen verfolgt.
- Neu zur „Weltkarte Hexenwahn" dazugestoßen sind die Länder Sierra Leone und Simbabwe.
- Das katholische Missionswerk Missio Aachen unterstützt viele Projekte im Kampf gegen den Hexenwahn.

Im Mittelalter bis in die frühe Neuzeit war die Hexenverfolgung allgegenwärtig. Heute werden wieder, besonders Frauen, in immer mehr Ländern der Welt als Hexen verfolgt.

Nach Angaben des katholischen Missionswerks Missio Aachen hat sich die Zahl der Länder, in denen vor allem Frauen als Hexen

---

84 https://www.ecchr.eu/thema/folter/

verfolgt werden, im vergangenen Jahr um zwei auf mittlerweile 43 erhöht. Hinzugekommen seien die afrikanischen Länder Sierra Leone und Simbabwe, teilte Missio zum Internationalen Tag gegen Hexenwahn (10. August) mit. Anlässlich des Tages legten Missio Aachen und die Katholische Hochschule Katho NRW die aktualisierte „Weltkarte Hexenwahn" vor.

„In 43 Ländern sind Menschen von Gewalt, Folter und Tod bedroht, weil sie als angebliche Hexen an den Pranger gestellt werden", sagte Jörg Nowak von Missio bei der Präsentation der Karte. Hass, Aberglaube und die Suche nach Sündenböcken seien die Motive, warum in Ländern wie Ghana, der Demokratischen Republik Kongo und Indien solche Menschenverbrechen verübt würden. Weitere Länder wie Botswana und Mosambik stünden zudem auf einer „Beobachtungsliste". Daher könne es sein, dass sich die Zahl der Länder in Zukunft noch weiter erhöht, hieß es.

Hexenwahn heute habe viele Facetten, sagte der Friedens- und Konfliktforscher Norbert Frieters-Reermann von der Hochschule Katho NRW. Aberglaube, Sexismus und Gewalt vermengten sich dabei auf gefährliche Weise. „Um der Hexenverfolgung zu begegnen, werden nicht nur Gesetze gegen Diskriminierung und das Schließen von Gesetzeslücken benötigt, sondern auch eine Justiz und Polizei, die die Opfer verlässlich schützt und nicht die Täter deckt", sagte Frieters-Reermann.

Missio unterstützt nach eigenen Angaben Hilfsprojekte im Kampf gegen Hexenwahn in zahlreichen Ländern. Dazu gehört etwa das Projekt „House of Hope" in Papua-Neuguinea. Dort kämpft Schwester Lorena Jenal für den Schutz von diskriminierten Frauen und riskiere dabei auch ihr Leben, hieß es. Die Schweizer Ordensfrau und Missionarin wurde für ihren Einsatz gegen Hexenverfolgung Anfang August von Papst Franziskus in Rom empfangen, dabei wurde ihre Arbeit gewürdigt.[85]

---

85 https://www.kirche-und-leben.de/artikel/missio-frauen-werden-in-immer-mehr-laendern-als-hexen-verfolgt

Gewalt und Aberglaube in 43 Ländern der Welt

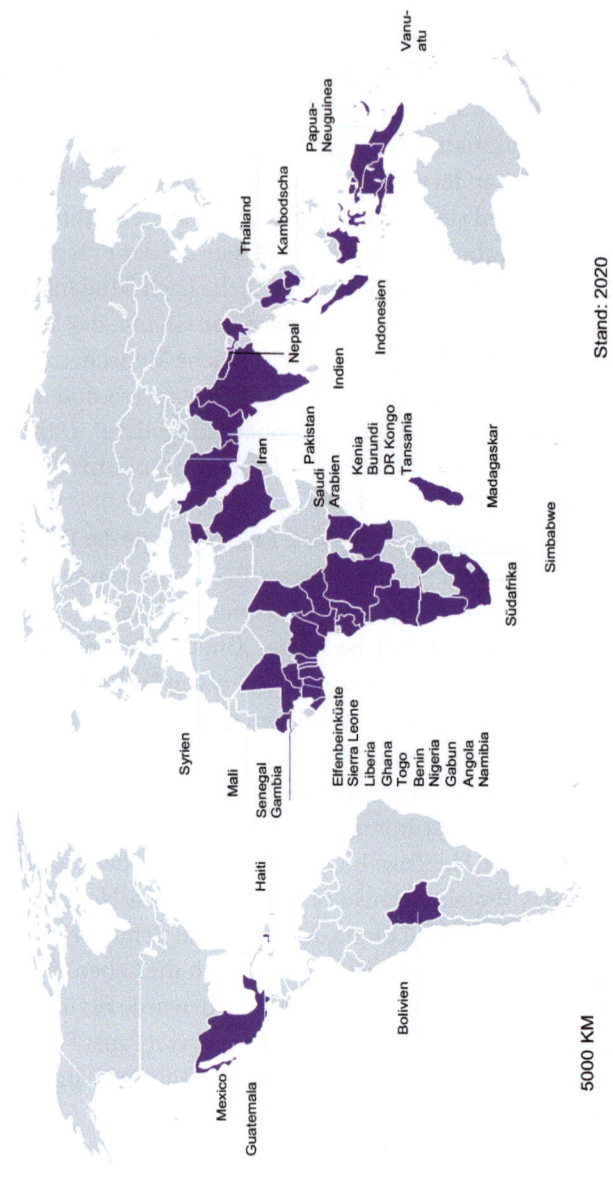

Vanu-
atu

Papua-
Neuguinea

Thailand

Kambodscha

Nepal

Indonesien

Indien

Iran

Saudi
Arabien

Pakistan

Kenia
Burundi
DR Kongo
Tansania

Madagaskar

Simbabwe

Südafrika

Syrien

Mali

Senegal
Gambia

Elfenbeinküste
Sierra Leone
Liberia
Ghana
Togo
Benin
Nigeria
Gabun
Angola
Namibia

Haiti

Mexico
Guatemala

Bolivien

5000 KM

Stand: 2020

Quelle: https://free-editable-worldmap-for
powerpoint.de.softonic.com/download?
ex=RAMP-2125.0
Überarbeitet: Armin Dusold

Quelle: https://www.stepmap.de/karte/folter-weltweit-tufHzbeERw.

Gewaltanwendung in der Welt

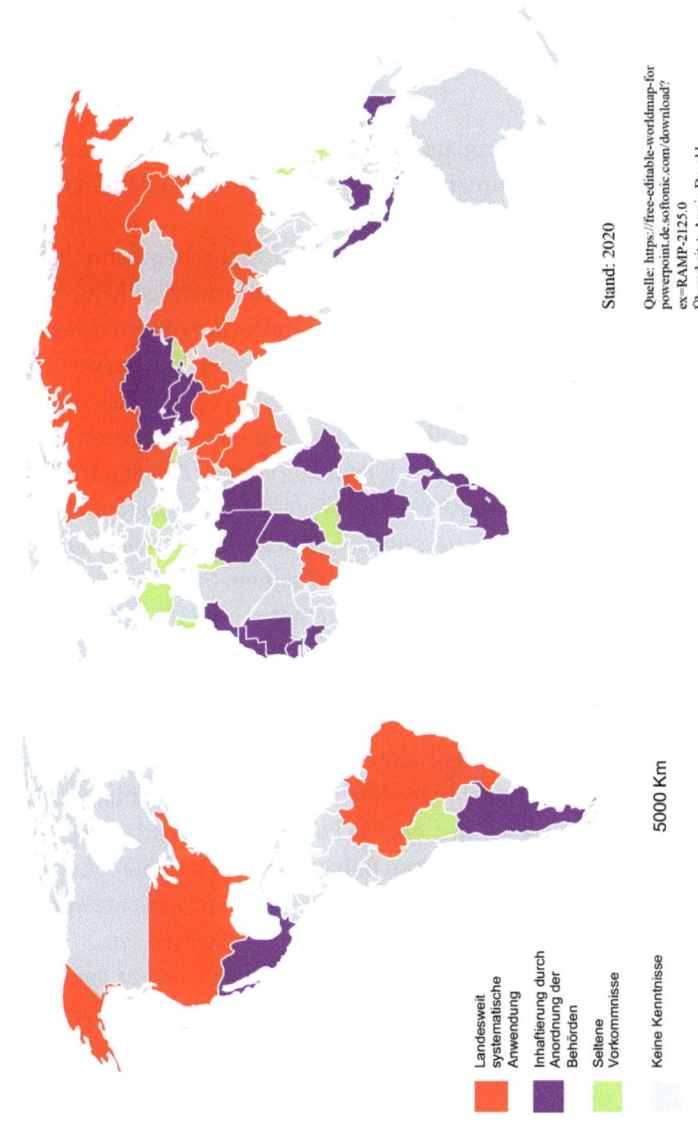

Stand: 2020

Quelle: https://free-editable-worldmap-for
powerpoint.de.softonic.com/download?
ex=RAMP-2125.0
Überarbeitet: Armin Dusold

5000 Km

Landesweit systematische Anwendung

Inhaftierung durch Anordnung der Behörden

Seltene Vorkommnisse

Keine Kenntnisse

Kapitel 18

Lichtblicke in Polen und Europa

Folter ist laut Europäischer Menschenrechtskonvention verboten, auch die unmenschliche oder erniedrigende Behandlung von Menschen ist unzulässig.

Der Europäische Gerichtshof für Menschenrechte hat sich mit Folter unschuldiger Zivilisten, unrechtmäßige Tötung durch Polizeikräfte und unmenschlichen Haftbedingungen befasst. Die Urteile des Europäischen Gerichtshofs haben Staaten veranlasst, ordnungsgemäße Vorschriften und Systeme der Rechenschaftspflicht einzuführen, die Folter und Misshandlung verhindern.[86]

Anton Morziki fuhr mit dem Zug von der Arbeit nach Hause. Polizeibeamte betraten seinen Waggon, um gegen randalierende Fußball-Hooligans vorzugehen. Anton M. war friedlich, ruhig und saß gedankenversunken auf seinem Sitz. Er war nicht bei den Fußballfans. Dessen ungeachtet schlug ihm ein Polizeibeamter mit einem Schlagstock mehrfach ins Gesicht, bevor er anschließend aus dem Zugabteil gezerrt wurde. Er musste sich mit dem Gesicht auf den Boden auf das Gleis legen. Beim Angriff verlor Anton M. drei Zähne und eine offene Fleischwunde im Gesicht. Er verbrachte die Nacht in einem Krankenhaus und litt unter starken Schmerzen. Die Polizei stellte Strafanzeige gegen Anton M. mit der falschen Behauptung, er sei einer der gewalttätigen Hooligans gewesen. Die politischen Gerichte sprachen ihn frei, weil er nüchtern und friedlich gewesen sei.

Ermittlungen führten zu dem Schluss, dass es seitens der Polizeibeamten kein Fehlverhalten gegeben habe. Der Straßburger Gerichtshof entschied, Anton M. sei ungerechtfertigt

---

86 https://www.coe.int/de/web/impact-convention-human-rights/
freedom-from-torture-and-ill-treatment.

von den Polizeibeamten gewaltsam angegriffen worden. Des Weiteren seien Ermittlungen zum Vorgehen der Beamten nicht unabhängig und bedauerlicherweise unzureichend gewesen.

Ein Strafverfahren wurde gegen den Polizeibeamten eingeleitet, der den Angriff ausgeführt hatte. Er wurde für schuldig befunden und verurteilt.

Das Urteil des Straßburger Gerichtshofs war eines von mehreren Urteilen, bei denen es um Polizeibrutalität in Polen ging. Nach diesen Fällen wurden umfangreiche Reformen durchgeführt, um diese Zwischenfälle zu verhindern und ordnungsgemäße Ermittlungen in solchen Fällen zu gewährleisten. Diese Reformen schlossen u. a. die Änderungen von Gesetzen, die Ausbildung und Schulung von Polizeikräften und eine neue Behörde ein, die polizeiliches Fehlverhalten überwacht und verhindert.

Insbesondere trat ein neues Gesetz zum Einsatz von Gewalt durch die Polizei in Kraft. Dieses Gesetz orientiert sich an der Rechtsprechung des EGMR[87] und besagt, dass der Einsatz von Gewalt durch die Polizei verhältnismäßig und so begrenzt wie möglich sein muss und nur dann zulässig ist, wenn sie unvermeidbar ist.

„Mit 16 Zusatzprotokollen wurde die Europäische Menschenrechtskonvention im Laufe der Jahre geändert oder ergänzt. Die weitreichendsten Auswirkungen hatte das Zusatzprotokoll 11 aus dem Jahr 1994, das am 1. November 1998 ratifiziert wurde: Es machte den EGMR zur einzigen und ständigen, mit hauptamtlichen Richtern besetzten Kontrollinstanz für Beschwerden. Zuvor waren auch eine Europäische Kommission für Menschenrechte und das Ministerkomitee des Europarates zuständige Kontrollorgane gewesen.

Häufig haben die Entscheidungen des EGMR richtungsweisenden Charakter und führten auch dazu, dass die nationale Gesetzgebung geändert wurde. In Folge von Urteilen des

---

87 Der Europäische Gerichtshof für Menschenrechte (EGMR) wurde 1959 in Straßburg von Mitgliedsstaaten des Europarates eingerichtet.

EGMR verbot das Vereinigte Königreich etwa die Prügelstrafe an staatlichen Schulen, Zypern beendete die Strafverfolgung wegen homosexueller Beziehungen und Italien leitete Reformen ein, um häusliche Gewalt zu bekämpfen. Deutschland schuf beispielsweise aufgrund mehrerer Urteile des EGMR ein Gesetz zum Schutz vor unangemessen langen Gerichtsverfahren."[88]

„Russland, als Mitglied der EGMR, hat allerdings durch das russische Verfassungsgericht entschieden, dass Urteile des Europäischen Gerichtshofs für Menschenrechte nur noch umgesetzt werden müssen, wenn das Verfassungsgericht geklärt hat, dass diese Urteile nicht gegen die Verfassung verstoßen."[89]

Deutschland ist seit 1990 Vertragsstaat des UN-Übereinkommens gegen Folter und andere grausame, unmenschliche oder erniedrigende Behandlung oder Strafe sowie seit 2009 des Zusatzprotokolls zur UN-Antifolterkonvention. Damit unterliegt Deutschland zum einen der strengen internationalen Kontrolle durch den UN-Unterausschuss gegen Folter, dem die Vertragsstaaten regelmäßig Berichte übersenden müssen, um Rechenschaft über ihre jeweiligen nationalen Maßnahmen zur Einhaltung der Konvention abzulegen. Zum anderen hat sich Deutschland damit verpflichtet, einen im Zusatzprotokoll vorgesehenen nationalen Präventionsmechanismus einzurichten. In Deutschland ist dies die Nationale Stelle zur Verhütung von Folter.[90]

Und das Verbot von Folter sowie von erniedrigender oder unmenschlicher Behandlung gilt auch im Übrigen einschränkungslos. Auch zum Zwecke der Rettung eines anderen Menschenlebens ist die Anwendung oder auch nur Androhung von Folter unzulässig. In der Bundesrepublik Deutschland ist diese

---

88 https://www.bpb.de/kurz-knapp/hintergrund-aktuell/214819/70-jahre-europaeische-menschenrechtskonvention-30-10-2020.

89 https://www.bpb.de/themen/europa/russland-analysen/nr-304/215139/analyse-russland-und-der-egmr-mitgliedschaft-mit-eigenen-regeln.

90 https://www.nationale-stelle.de/home.html.

sogenannte Rettungsfolter umstritten. Ob eine Amtsperson foltern bzw. Folter androhen darf, zum Zwecke der Rettung eines anderen bedrohten Rechtsgutes, wurde und wird heiß diskutiert. Während einerseits Straffreiheit für Polizeibeamte in solchen Situationen gefordert wird, pocht man andererseits darauf, dass jegliche Einflussnahme auf den Willen eines Beschuldigten durch Misshandlung verboten ist.[91]

Eine Relativierung des Folterverbots wird von Vertretern absoluter, abwägungsfester Normen – Deontologen[92] – abgelehnt: „Manche Mittel sind so abscheulich, böse, unmoralisch, dass sie unter gar keinen Umständen benutzt werden dürfen! Deshalb gilt: Folter ist verboten, was auch immer die Folgen für das Opfer oder für uns alle sein mögen!" Diese Position wird von „Konsequentialisten" angegriffen, die der Ansicht sind, eine angemessene, gerechte Entscheidung setze unabweisbar die Berücksichtigung aller absehbaren Folgen voraus.

Wie auch immer der Streit dieser zwei Denkrichtungen zu lösen ist: Soweit Leben/Würde gegen Leben/Würde steht und auf jeden Fall eine Würdeverletzung oder Folter vorliegt – entweder auf der Seite des Entführers oder des Opfers –, führt die deontologische Sichtweise zu einem Unentschieden. Das Patt kann nur durch weitere Argumente aufgelöst werden. „Ein Argument ist schon angeführt worden: Opferschutz muss vor Täterschutz stehen. Ferner droht ein Dammbruch, wenn die Rechtsordnung in der geschilderten Ausnahmesituation dem Rechtsbrecher nicht in den Arm fällt. Dann verliert das Recht seine Legitimation für die Monopolisierung der Zwangsgewalt, dann dürften die Bürger für ihren Lebensschutz wieder selbst

---

91 https://www.menschenrechtskonvention.eu/folter-9287.

92 Die Deontologie ist eine ethisch-moralische Theorie, die sich ausschließlich auf die direkte Tat und nicht auf deren mögliche Konsequenzen bezieht.

Zwang anwenden und Privatjustiz üben. Das wäre wirklich ein Rückschritt![93]

Muss das absolute Folterverbot nicht schon deshalb verteidigt werden, weil das Opfer vielleicht schon tot ist oder weil unklar ist, wie der gefasste Erpresser auf körperlichen Zwang reagiert? Für polizeiliches Handeln zur Gefahrenabwehr ist anerkannt, dass es auf die verständige Sicht ex ante ankommt. Wenn die Polizei nach bestem Wissen und Gewissen davon ausgehen durfte, dass das Entführungsopfer noch lebt, dann ist sie zum Lebensschutz verpflichtet. Was die Zufügung von Schmerzen angeht, so kann man davon ausgehen, dass die meisten Menschen Schmerzen vermeiden wollen. Zudem gilt selbstverständlich der Grundsatz der Verhältnismäßigkeit: Die List steht vor der Täuschung, die Drohung vor der Anwendung, bei der Anwendung sind geringere vor intensiver eingreifenden Mitteln auszuwählen. Schmerzzufügung ist schlimm, mit jedem Akt stirbt nicht nur im Gefolterten, sondern in jedem von uns ein Stück Menschlichkeit, Zivilität und Würde.

Aber Justitias Blick sollte auch das Entführungsopfer sehen: Wenn wir davon ausgehen müssen, dass Untätigbleiben dessen Leiden verlängert und seine Würde attackiert, dann können wir nicht beim „zwanglosen Zwang des besseren Arguments" (Jürgen Habermas) stehen bleiben. Dann müssen wir uns zwischen zwei schlimmen, unmenschlichen, würdelosen Lagen entscheiden: für die zweitschlechteste Lösung! Müssten wir dann im Polizeirecht etwas Unregelbares regeln, Foltermethoden? Eigentlich ja, wenn aber Würde gegen Würde, sozusagen auch Rechtsstaat gegen Rechtsstaat steht, kann man die Normen gelten lassen, die im Strafrecht für Notwehr, Nothilfe und den rechtfertigenden Notstand formuliert sind, ergänzt um einen für Polizeibeamte angehobenen Verhältnismäßigkeitsmaßstab sowie, falls möglich, richterliche Aufsicht.

---

93 https://www.bpb.de/shop/zeitschriften/apuz/29567/
einschraenkung-des-absoluten-folterverbots-bei-Rettungsfolter.

Das ist unmenschlich und zynisch. Entweder gilt das Folterverbot absolut, weil es so angeordnet und auch gerecht ist: Dann
bleibt kein Raum für moralisches Verständnis und Hoffen auf
Rechtsbruch mit anschließender milder Rechtssanktion. Oder
es ist in der genannten Situation evident ungerecht, und die Relativierung ist bei näherem Hinsehen schon im geltendem Recht
angelegt: Dann muss die Ausnahme interpretativ oder legisla-
tiv formuliert werden, damit wir selbst, das gesamte Volk, für
Recht und Gerechtigkeit und, wo immer möglich, für Zivilität
und Würdewahrung einstehen.[94]

---

94 Vgl. auch die Amtliche Entscheidungssammlung des Bundesverfas-
sungsgerichts – BVerfGE – Band 56, S. 37, 41ff. Vgl. BVerfGE 39, 1,
42; 46, 160, 164f.

Kapitel 19

Folter im Krieg ist ein Kriegsverbrechen

„Als Kriegsverbrechen werden schwere Verstöße gegen die Regelung des humanitären Völkerrechts bezeichnet. Beispiele für Kriegsverbrechen sind unter anderem:
Tötung, Geiselnahme, Folter und Vergewaltigung von Zivilbevölkerung und Kriegsgefangenen, Angriffe auf die Zivilbevölkerung, auf Krankenhäuser, Kirchen, Schulen, Universitäten und Denkmäler, Plünderung und Zerstörung von Eigentum, Angriffe auf humanitäre Hilfsmissionen, friedenserhaltende Missionen und auf Missionen des Roten Kreuzes, Verwendung von biologischen, chemischen Waffen und Atomwaffen."[95]

„Durch Russlands schrecklichen Angriffskrieg gegen die Ukraine ist das Völkerrecht einmal mehr in den Fokus der internationalen Gemeinschaft gerückt. Das Völkerrecht umfasst alle völkerrechtlichen Normen, welche die strafrechtliche Verantwortlichkeit von Einzelpersonen für die Begehung von Völkerrechtsverbrechen regeln. Deutschland nimmt hier eine Vorreiterrolle ein. Mit der Schaffung des Völkerstrafgesetzbuches vor über 20 Jahren wurde sichergestellt, dass die deutsche Justiz im Krieg verübte Gräueltaten verfolgen kann – und zwar unabhängig vom Tatort und von der Staatsangehörigkeit des Täters. Derzeit arbeitet das BMJ daran, das nationale Völkerstrafrecht weiterzuentwickeln. Ziel dieser Reform ist es, insbesondere Opferrechte zu schließen und die Breitenwirkung der Urteile zu verbessern."[96]

---

95 https://www.bmj.de/DE/themen/voelkerstrafrecht/
kriegsverbrechen/kriegsverbrechen_node.html.
96 https://www.bmj.de/DE/themen/voelkerstrafrecht/
voelkerstrafrecht_node.html.

„Kriegsverbrechen gehören zu den Verbrechen, die nicht verjähren. Das deutsche Strafrecht regelt die Strafbarkeit von Kriegsverbrechen in den §§ 8 bis 12 des Völkerstrafgesetzbuchs (VStGB).

Nach dem deutschen Strafrecht wird etwa die Tötung von Zivilisten und Kriegsgefangenen mit einer lebenslangen Freiheitsstrafe bestraft.

Die Geiselnahme, Folterung oder Vergewaltigung von Zivilisten und Kriegsgefangenen werden – je nach Delikt – mit einer Freiheitsstrafe von mindestens einem Jahr bis zu 15 Jahren geahndet. Auf die Plünderung von Eigentum stehen Freiheitsstrafen von einem Jahr bis zu zehn Jahren. Kriegsverbrechen gegen humanitäre Operationen wie z. B. Angriffe gegen humanitäre Hilfsmissionen können Freiheitsstrafen von mindestens drei bis zu 15 Jahren nach sich ziehen. Angriffe auf Krankenhäuser oder Schulen werden mit Freiheitsstrafen von mindestens drei bis zu 15 Jahren geahndet. Auf den Einsatz von biologischen oder chemischen Waffen oder von Atomwaffen steht eine Freiheitsstrafe von mindestens drei Jahren bzw. bei vorsätzlicher Herbeiführung des Todes lebenslange Freiheitsstrafe oder eine Freiheitsstrafe von mindestens zehn Jahren."[97]

Mit der gesetzlichen Regelung ist zumindest für Folter und Kriegsverbrechen eine gesetzliche Grundlage geschaffen, die es ermöglicht, den Personenkreis der Übeltäter zu bestrafen. Inwieweit es am Ende eines Konfliktes zwischen Ländern gelingt, den Personenkreis ausfindig zu machen und diesem am Ende einer gerechten Strafe zuzuführen, bleibt offen. Ist die gesetzliche Regelung nur ein stumpfes Schwert? Seit Beginn der russischen Invasion in der Ukraine haben beide Seiten Hunderttausende Tote und Verletzte zu beklagen. Unermessliche Zerstörungen, Massaker an der Zivilbevölkerung, Verschlep-

---

97 https://www.bmj.de/DE/themen/voelkerstrafrecht/
kriegsverbrechen/kriegsverbrechen_node.html.

pungen, Vergewaltigungen und Diebstähle sind die derzeitige Bilanz der „militärischen Spezialoperation", wie der Krieg in Russland offiziell immer genannt wird. Die UN spricht von der größten Flüchtlingskatastrophe seit dem Zweiten Weltkrieg. Über sechs Millionen Flüchtlinge sind nach UNHCR-Angaben derzeit über Europa verteilt. Flucht aus der Heimat, Verlust sozialer Kontakte bis hin zur Trennung ganzer Familien ist eine Art Folter, die offensichtlich jegliche körperliche Wunde bei Weitem übertrifft. Gegen den Schmerz in der Seele gibt es auf der ganzen Welt kein wirksames Medikament. Ein altes Sprichwort lautet: „Einen alten Baum verpflanzt man nicht." Aber auch für junge Bäume wäre dieses Sprichwort ebenfalls zutreffend.

Eine Folter, die der Kreml als zusätzliches Instrument einsetzt, um Menschen seelische Qualen zuzufügen. Das selbstbestimmte Leben gibt es in dem Moment der Flucht aus der Heimat nicht mehr. Drohende Depression infolge von Entwurzelung mit dem Verlust emotionaler Nähe, psychische und physische Schäden, die bis in den Suizid führen können, sind häufige Folgen. Eine Entwurzelung und Umsiedlung in eine fremde Lebensumgebung verändert radikal auch den Gemütszustand und die Gesundheit. Eine Waffe, die nicht nur der Kreml einsetzt – fatale Folgen für nahezu alle, die in die Flucht getrieben oder durch Zwangsumsiedlung verschleppt werden.

Der Bundespräsident hat anlässlich des ersten Gedenktages am 20. Juni 2015 für die Opfer von Flucht und Vertreibung eine Rede gehalten: „Wer Gefühle des anderen abwehrt, der wehrt auch eigene Gefühle ab. Offenheit für das Leid der anderen hingegen führt zu Verständnis, führt zu Nähe. Daran sollten wir heute auch denken, wenn in unserem Ort, in unserem Stadtteil oder in unserer Nachbarschaft Fremde einquartiert werden oder des Schutzes bedürfen."[98]

---

98 https://www.bundespraesident.de/SharedDocs/Reden/DE/
   Joachim-Gauck/Reden/2015/06/150620-Gedenktag-Flucht-
   Vertreibung.html.

CHARTA DER GRUNDRECHTE
DER EUROPÄISCHEN UNION
PRÄAMBEL

Die Völker Europas sind entschlossen, auf der Grundlage gemeinsamer Werte eine friedliche Zukunft zu teilen, indem sie sich zu einer immer engeren Union verbinden. In dem Bewusstsein ihres geistig religiösen und sittlichen Erbes gründet sich die Union auf die unteilbaren und universellen Werte der Würde des Menschen, der Freiheit, der Gleichheit und der Solidarität. Sie beruht auf den Grundsätzen der Demokratie und der Rechtsstaatlichkeit. Sie stellt die Person in den Mittelpunkt ihres Handelns, indem sie die Unionsbürgerschaft und einen Raum der Freiheit, der Sicherheit und des Rechts begründet. Die Union trägt zur Erhaltung und zur Entwicklung dieser gemeinsamen Werte unter Achtung der Vielfalt der Kulturen und Traditionen der Völker Europas sowie der nationalen Identität der Mitgliedstaaten und der Organisation ihrer staatlichen Gewalt auf nationaler, regionaler und lokaler Ebene bei. Sie ist bestrebt, eine ausgewogene und nachhaltige Entwicklung zu fördern und stellt den freien Personen-, Waren-, Dienstleistungs- und Kapitalverkehr sowie die Niederlassungsfreiheit sicher. Zu diesem Zweck ist es notwendig, angesichts der Weiterentwicklung der Gesellschaft, des sozialen Fortschritts und der wissenschaftlichen und technologischen Entwicklungen den Schutz der Grundrechte zu stärken, indem sie in einer Charta sichtbarer gemacht werden. Diese Charta bekräftigt unter Achtung der Zuständigkeiten und Aufgaben der Gemeinschaft und der Union und des Subsidiaritätsprinzips die Rechte, die sich vor allem aus den gemeinsamen Verfassungstraditionen und den gemeinsamen internationalen Verpflichtungen der Mitgliedstaaten, aus dem Vertrag über die Europäische Union und den

145

Gemeinschaftsverträgen, aus der Europäischen Konvention zum Schutze der Menschenrechte und Grundfreiheiten, aus den von der Gemeinschaft und dem Europarat beschlossenen Sozialchartas sowie aus der Rechtsprechung des Gerichtshofs der Europäischen Gemeinschaften und des Europäischen Gerichtshofs für Menschenrechte ergeben. Die Ausübung dieser Rechte ist mit Verantwortlichkeiten und Pflichten sowohl gegenüber den Mitmenschen als auch gegenüber der menschlichen Gemeinschaft und den künftigen Generationen verbunden. Daher erkennt die Union die nachstehend aufgeführten Rechte, Freiheiten und Grundsätze an.

KAPITEL I
WÜRDE DES MENSCHEN

Artikel 1
Würde des Menschen
Die Würde des Menschen ist unantastbar. Sie ist zu achten und zu schützen.

Artikel 2
Recht auf Leben
(1) Jede Person hat das Recht auf Leben.
(2) Niemand darf zur Todesstrafe verurteilt oder hingerichtet werden.

Artikel 3
Recht auf Unversehrtheit
(1) Jede Person hat das Recht auf körperliche und geistige Unversehrtheit.
(2) Im Rahmen der Medizin und der Biologie muss insbesondere Folgendes beachtet werden:
• die freie Einwilligung der betroffenen Person nach vorheriger Aufklärung entsprechend den gesetzlich festgelegten Modalitäten,

- das Verbot eugenischer Praktiken, insbesondere derjenigen, welche die Selektion von Personen zum Ziel haben,
- das Verbot, den menschlichen Körper und Teile davon als solche zur Erzielung von Gewinnen zu nutzen,
- das Verbot des reproduktiven Klonens von Menschen.

Artikel 4
Verbot der Folter und unmenschlicher oder erniedrigender Strafe oder Behandlung

(1) Niemand darf der Folter oder unmenschlicher oder erniedrigender Strafe oder Behandlung unterworfen werden.

Artikel 5
Verbot der Sklaverei und der Zwangsarbeit

(1) Niemand darf in Sklaverei oder Leibeigenschaft gehalten werden.
(2) Niemand darf gezwungen werden, Zwangs- oder Pflichtarbeit zu verrichten.
(3) Menschenhandel ist verboten.

KAPITEL II
FREIHEITEN

Artikel 6
Recht auf Freiheit und Sicherheit

Jede Person hat das Recht auf Freiheit und Sicherheit.

Artikel 7
Achtung des Privat- und Familienlebens

Jede Person hat das Recht auf Achtung ihres Privat- und Familienlebens, ihrer Wohnung sowie ihrer Kommunikation.

Artikel 8
Schutz personenbezogener Daten

(1) Jede Person hat das Recht auf Schutz der sie betreffenden personenbezogenen Daten.

(2) Diese Daten dürfen nur nach Treu und Glauben für festgeleg-te Zwecke und mit Einwilligung der betroffenen Person oder auf einer sonstigen gesetzlich geregelten legitimen Grundla-ge verarbeitet werden. Jede Person hat das Recht, Auskunft über die sie betreffenden erhobenen Daten zu erhalten und die Berichtigung der Daten zu erwirken.

(3) Die Einhaltung dieser Vorschriften wird von einer unabhän-gigen Stelle überwacht.

Artikel 9
Recht, eine Ehe einzugehen und eine Familie zu gründen
Das Recht, eine Ehe einzugehen und das Recht, eine Familie zu gründen, werden nach den einzelstaatlichen Gesetzen gewähr-leistet, welche die Ausübung dieser Rechte regeln.

Artikel 10
Gedanken-, Gewissens- und Religionsfreiheit
(1) Jede Person hat das Recht auf Gedanken-, Gewissens- und Religionsfreiheit. Dieses Recht umfasst die Freiheit, seine Religion oder Weltanschauung zu wechseln und die Freiheit, seine Religion oder Weltanschauung einzeln oder gemein-sam mit anderen öffentlich oder privat durch Gottesdienst, Unterricht, Bräuche und Riten zu bekennen.

(2) Das Recht auf Wehrdienstverweigerung aus Gewissensgrün-den wird nach den einzelstaatlichen Gesetzen anerkannt, welche die Ausübung dieses Rechts regeln.

Artikel 11
Freiheit der Meinungsäußerung und Informationsfreiheit
(1) Jede Person hat das Recht auf freie Meinungsäußerung. Dieses Recht schließt die Meinungsfreiheit und die Freiheit ein, Informationen und Ideen ohne behördliche Eingriffe und ohne Rücksicht auf Staatsgrenzen zu empfangen und weiterzugeben.

(2) Die Freiheit der Medien und ihre Pluralität werden geachtet.

Artikel 12

Versammlungs- und Vereinigungsfreiheit

(1) Jede Person hat das Recht, sich insbesondere im politischen, gewerkschaftlichen und zivilgesellschaftlichen Bereich auf allen Ebenen frei und friedlich mit anderen zu versammeln und frei mit anderen zusammenzuschließen, was das Recht jeder Person umfasst, zum Schutz ihrer Interessen Gewerkschaften zu gründen und Gewerkschaften beizutreten.

(2) Politische Parteien auf der Ebene der Union tragen dazu bei, den politischen Willen der Unionsbürgerinnen und Unionsbürger zum Ausdruck zu bringen.

Artikel 13

Freiheit von Kunst und Wissenschaft

Kunst und Forschung sind frei. Die akademische Freiheit wird geachtet.

Artikel 14

Recht auf Bildung

(1) Jede Person hat das Recht auf Bildung sowie auf Zugang zur beruflichen Ausbildung und Weiterbildung.

(2) Dieses Recht umfasst die Möglichkeit, unentgeltlich am Pflichtschulunterricht teilzunehmen.

(3) Die Freiheit zur Gründung von Lehranstalten unter Achtung der demokratischen Grundsätze sowie das Recht der Eltern, die Erziehung und den Unterricht ihrer Kinder entsprechend ihren eigenen religiösen, weltanschaulichen und erzieherischen Überzeugungen sicherzustellen, werden nach den einzelstaatlichen Gesetzen geachtet, welche ihre Ausübung regeln.

Artikel 15

Berufsfreiheit und Recht zu arbeiten

(1) Jede Person hat das Recht, zu arbeiten und einen frei gewählten oder angenommenen Beruf auszuüben.

(2) Alle Unionsbürgerinnen und Unionsbürger haben die Freiheit, in jedem Mitgliedstaat Arbeit zu suchen, zu arbeiten, sich niederzulassen oder Dienstleistungen zu erbringen.

Die Staatsangehörigen dritter Länder, die im Hoheitsgebiet der Mitgliedstaaten arbeiten dürfen, haben Anspruch auf Arbeitsbedingungen, die denen der Unionsbürgerinnen und Unionsbürger entsprechen.

Artikel 16
Unternehmerische Freiheit
Die unternehmerische Freiheit wird nach dem Gemeinschaftsrecht und den einzelstaatlichen Rechtsvorschriften und Gepflogenheiten anerkannt.

Artikel 17
Eigentumsrecht
(1) Jede Person hat das Recht, ihr rechtmäßig erworbenes Eigentum zu besitzen, zu nutzen, darüber zu verfügen und es zu vererben. Niemandem darf sein Eigentum entzogen werden, es sei denn aus Gründen des öffentlichen Interesses in den Fällen und unter den Bedingungen, die in einem Gesetz vorgesehen sind, sowie gegen eine rechtzeitige angemessene Entschädigung für den Verlust des Eigentums. Die Nutzung des Eigentums kann gesetzlich geregelt werden, soweit dies für das Wohl der Allgemeinheit erforderlich ist.
(2) Geistiges Eigentum wird geschützt.

Artikel 18
Asylrecht
Das Recht auf Asyl wird nach Maßgabe des Genfer Abkommens vom 28. Juli 1951 und des Protokolls vom 31. Januar 1967 über die Rechtsstellung der Flüchtlinge sowie gemäß dem Vertrag zur Gründung der Europäischen Gemeinschaft gewährleistet.

Artikel 19
Schutz bei Abschiebung, Ausweisung und Auslieferung
(1) Kollektivausweisungen sind nicht zulässig.
(2) Niemand darf in einen Staat abgeschoben oder ausgewiesen oder an einen Staat ausgeliefert werden, in dem für sie oder

ihn das ernsthafte Risiko der Todesstrafe, der Folter oder einer anderen unmenschlichen oder erniedrigenden Strafe oder Behandlung besteht.

KAPITEL III
GLEICHHEIT

Artikel 20
Gleichheit vor dem Gesetz
Alle Personen sind vor dem Gesetz gleich.

Artikel 21
Nichtdiskriminierung
(1) Diskriminierungen, insbesondere wegen des Geschlechts, der Rasse, der Hautfarbe, der ethnischen oder sozialen Herkunft, der genetischen Merkmale, der Sprache, der Religion oder der Weltanschauung, der politischen oder sonstigen Anschauung, der Zugehörigkeit zu einer nationalen Minderheit, des Vermögens, der Geburt, einer Behinderung, des Alters oder der sexuellen Ausrichtung, sind verboten.
(2) Im Anwendungsbereich des Vertrags zur Gründung der Europäischen Gemeinschaft und des Vertrags über die Europäische Union ist unbeschadet der besonderen Bestimmungen dieser Verträge jede Diskriminierung aus Gründen der Staatsangehörigkeit verboten.

Artikel 22
Vielfalt der Kulturen, Religionen und Sprachen
Die Union achtet die Vielfalt der Kulturen, Religionen und Sprachen.

Artikel 23

Gleichheit von Männern und Frauen

Die Gleichheit von Männern und Frauen ist in allen Bereichen, einschließlich der Beschäftigung, der Arbeit und des Arbeitsentgelts, sicherzustellen.

Der Grundsatz der Gleichheit steht der Beibehaltung oder der Einführung spezifischer Vergünstigungen für das unterrepräsentierte Geschlecht nicht entgegen.

Artikel 24

Rechte des Kindes

(1) Kinder haben Anspruch auf den Schutz und die Fürsorge, die für ihr Wohlergehen notwendig sind. Sie können ihre Meinung frei äußern. Ihre Meinung wird in den Angelegenheiten, die sie betreffen, in einer ihrem Alter und ihrem Reifegrad entsprechenden Weise berücksichtigt.

(2) Bei allen Kinder betreffenden Maßnahmen öffentlicher oder privater Einrichtungen muss das Wohl des Kindes eine vorrangige Erwägung sein.

KAPITEL IV

SOLIDARITÄT

Artikel 27

Recht auf Unterrichtung und Anhörung der Arbeitnehmerinnen und Arbeitnehmer im Unternehmen

Für die Arbeitnehmerinnen und Arbeitnehmer oder ihre Vertreter muss auf den geeigneten Ebenen eine rechtzeitige Unterrichtung und Anhörung in den Fällen und unter den Voraussetzungen gewährleistet sein, die nach dem Gemeinschaftsrecht und den einzelstaatlichen Rechtsvorschriften und Gepflogenheiten vorgesehen sind.

Artikel 28
**Recht auf Kollektivverhandlungen und Kollektivmaß-
nahmen**
Die Arbeitnehmerinnen und Arbeitnehmer sowie die Arbeitge-
berinnen und Arbeitgeber oder ihre jeweiligen Organisationen
haben nach dem Gemeinschaftsrecht und den einzelstaatlichen
Rechtsvorschriften und Gepflogenheiten das Recht, Tarifverträ-
ge auf den geeigneten Ebenen auszuhandeln und zu schließen
sowie bei Interessenkonflikten kollektive Maßnahmen zur Verteidigung ihrer Interessen, einschließlich Streiks, zu ergreifen.

Artikel 29
Recht auf Zugang zu einem Arbeitsvermittlungsdienst
Jede Person hat das Recht auf Zugang zu einem unentgeltlichen
Arbeitsvermittlungsdienst.

Artikel 30
Schutz bei ungerechtfertigter Entlassung
Jede Arbeitnehmerin und jeder Arbeitnehmer hat nach dem
Gemeinschaftsrecht und den einzelstaatlichen Rechtsvorschrif-
ten und Gepflogenheiten Anspruch auf Schutz vor ungerecht-
fertigter Entlassung.

Artikel 31
Gerechte und angemessene Arbeitsbedingungen
(1) Jede Arbeitnehmerin und jeder Arbeitnehmer hat das Recht
auf gesunde, sichere und würdige Arbeitsbedingungen.
(2) Jede Arbeitnehmerin und jeder Arbeitnehmer hat das Recht
auf eine Begrenzung der Höchstarbeitszeit, auf tägliche und
wöchentliche Ruhezeiten sowie auf bezahlten Jahresurlaub.

Artikel 32
**Verbot der Kinderarbeit und Schutz der Jugendlichen
am Arbeitsplatz**
Kinderarbeit ist verboten. Unbeschadet günstigerer Vorschriften
für Jugendliche und abgesehen von begrenzten Ausnahmen darf

das Mindestalter für den Eintritt in das Arbeitsleben das Alter, in dem die Schulpflicht endet, nicht unterschreiten.

Zur Arbeit zugelassene Jugendliche müssen ihrem Alter angepasste Arbeitsbedingungen erhalten und vor wirtschaftlicher Ausbeutung und vor jeder Arbeit geschützt werden, die ihre Sicherheit, ihre Gesundheit, ihre körperliche, geistige, sittliche oder soziale Entwicklung beeinträchtigen oder ihre Erziehung gefährden könnte.

Artikel 33
Familien- und Berufsleben

(1) Der rechtliche, wirtschaftliche und soziale Schutz der Familie wird gewährleistet.

(2) Um Familien- und Berufsleben miteinander in Einklang bringen zu können, hat jede Person das Recht auf Schutz vor Entlassung aus einem mit der Mutterschaft zusammenhängenden Grund sowie den Anspruch auf einen bezahlten Mutterschaftsurlaub und auf einen Elternurlaub nach der Geburt oder Adoption eines Kindes.

Artikel 34
Soziale Sicherheit und soziale Unterstützung

(1) Die Union anerkennt und achtet das Recht auf Zugang zu den Leistungen der sozialen Sicherheit und zu den sozialen Diensten, die in Fällen wie Mutterschaft, Krankheit, Arbeitsunfall, Pflegebedürftigkeit oder im Alter sowie bei Verlust des Arbeitsplatzes Schutz gewährleisten, nach Maßgabe des Gemeinschaftsrechts und der einzelstaatlichen Rechtsvorschriften und Gepflogenheiten.

(2) Jede Person, die in der Union ihren rechtmäßigen Wohnsitz hat und ihren Aufenthalt rechtmäßig wechselt, hat Anspruch auf die Leistungen der sozialen Sicherheit und die sozialen Vergünstigungen nach dem Gemeinschaftsrecht und den einzelstaatlichen Rechtsvorschriften und Gepflogenheiten.

(3) Um die soziale Ausgrenzung und die Armut zu bekämpfen, anerkennt und achtet die Union das Recht auf eine soziale

Unterstützung und eine Unterstützung für die Wohnung, die allen, die nicht über ausreichende Mittel verfügen, ein menschenwürdiges Dasein sicherstellen sollen, nach Maßgabe des Gemeinschaftsrechts und der einzelstaatlichen Rechtsvorschriften und Gepflogenheiten.

Artikel 35
Gesundheitsschutz

Jede Person hat das Recht auf Zugang zur Gesundheitsvorsorge und auf ärztliche Versorgung nach Maßgabe der einzelstaatlichen Rechtsvorschriften und Gepflogenheiten. Bei der Festlegung und Durchführung aller Politiken und Maßnahmen der Union wird ein hohes Gesundheitsschutzniveau sichergestellt.

Artikel 36
Zugang zu Dienstleistungen von allgemeinem wirtschaftlichen Interesse

Die Union anerkennt und achtet den Zugang zu Dienstleistungen von allgemeinem wirtschaftlichen Interesse, wie er durch die einzelstaatlichen Rechtsvorschriften und Gepflogenheiten im Einklang mit dem Vertrag zur Gründung der Europäischen Gemeinschaft geregelt ist, um den sozialen und territorialen Zusammenhalt der Union zu fördern.

Artikel 37
Umweltschutz

Ein hohes Umweltschutzniveau und die Verbesserung der Umweltqualität müssen in die Politiken der Union einbezogen und nach dem Grundsatz der nachhaltigen Entwicklung sichergestellt werden.

Artikel 38
Verbraucherschutz

Die Politiken der Union stellen ein hohes Verbraucherschutzniveau sicher.

KAPITEL V
BÜRGERRECHTE

Artikel 39
Aktives und passives Wahlrecht bei den Wahlen zum Europäischen Parlament
(1) Die Unionsbürgerinnen und Unionsbürger besitzen in dem Mitgliedstaat, in dem sie ihren Wohnsitz haben, das aktive und passive Wahlrecht bei den Wahlen zum Europäischen Parlament, wobei für sie dieselben Bedingungen gelten wie für die Angehörigen des betreffenden Mitgliedstaats.
(2) Die Mitglieder des Europäischen Parlaments werden in allgemeiner, unmittelbarer, freier und geheimer Wahl gewählt.

Artikel 40
Aktives und passives Wahlrecht bei den Kommunalwahlen
Die Unionsbürgerinnen und Unionsbürger besitzen in dem Mitgliedstaat, in dem sie ihren Wohnsitz haben, das aktive und passive Wahlrecht bei Kommunalwahlen, wobei für sie dieselben Bedingungen gelten wie für die Angehörigen des betreffenden Mitgliedstaats.

Artikel 41
Recht auf eine gute Verwaltung
(1) Jede Person hat ein Recht darauf, dass ihre Angelegenheiten von den Organen und Einrichtungen der Union unparteiisch, gerecht und innerhalb einer angemessenen Frist behandelt werden.
(2) Dieses Recht umfasst insbesondere – das Recht einer jeden Person, gehört zu werden, bevor ihr gegenüber eine für sie nachteilige individuelle Maßnahme getroffen wird;
• das Recht einer jeden Person auf Zugang zu den sie betreffenden Akten unter Wahrung des legitimen Interesses der Vertraulichkeit sowie des Berufs- und Geschäftsgeheimnisses;
• die Verpflichtung der Verwaltung, ihre Entscheidungen zu begründen.

(3) Jede Person hat Anspruch darauf, dass die Gemeinschaft den durch ihre Organe oder Bediensteten in Ausübung ihrer Amtstätigkeit verursachten Schaden nach den allgemeinen Rechtsgrundsätzen ersetzt, die den Rechtsordnungen der Mitgliedstaaten gemeinsam sind.

(4) Jede Person kann sich in einer der Sprachen der Verträge an die Organe der Union wenden und muss eine Antwort in derselben Sprache erhalten.

Artikel 42
Recht auf Zugang zu Dokumenten
Die Unionsbürgerinnen und Unionsbürger sowie jede natürliche oder juristische Person mit Wohnsitz oder satzungsmäßigem Sitz in einem Mitgliedstaat haben das Recht auf Zugang zu den Dokumenten des Europäischen Parlaments, des Rates und der Kommission.

Artikel 43
Der Bürgerbeauftragte
Die Unionsbürgerinnen und Unionsbürger sowie jede natürliche oder juristische Person mit Wohnsitz oder satzungsmäßigem Sitz in einem Mitgliedstaat haben das Recht, den Bürgerbeauftragten der Union im Fall von Missständen bei der Tätigkeit der Organe und Einrichtungen der Gemeinschaft, mit Ausnahme des Gerichtshofs und des Gerichts erster Instanz in Ausübung ihrer Rechtsprechungsbefugnisse, zu befassen.

Artikel 44
Petitionsrecht
Die Unionsbürgerinnen und Unionsbürger sowie jede natürliche oder juristische Person mit Wohnsitz oder satzungsmäßigem Sitz in einem Mitgliedstaat haben das Recht, eine Petition an das Europäische Parlament zu richten.

Artikel 45

Freizügigkeit und Aufenthaltsfreiheit

(1) Die Unionsbürgerinnen und Unionsbürger haben das Recht, sich im Hoheitsgebiet der Mitgliedstaaten frei zu bewegen und aufzuhalten.

(2) Staatsangehörigen dritter Länder, die sich rechtmäßig im Hoheitsgebiet eines Mitgliedstaats aufhalten, kann gemäß dem Vertrag zur Gründung der Europäischen Gemeinschaft Freizügigkeit und Aufenthaltsfreiheit gewährt werden.

Artikel 46

Diplomatischer und konsularischer Schutz

Die Unionsbürgerinnen und Unionsbürger genießen im Hoheitsgebiet eines Drittlandes, in dem der Mitgliedstaat, dessen Staatsangehörigkeit sie besitzen, nicht vertreten ist, den Schutz der diplomatischen und konsularischen Stellen eines jeden Mitgliedstaats unter denselben Bedingungen wie Staatsangehörige dieses Staates.

KAPITEL VI
JUSTIZIELLE RECHTE

Artikel 47

Recht auf einen wirksamen Rechtsbehelf und ein unparteiisches Gericht

Jede Person, deren durch das Recht der Union garantierte Rechte oder Freiheiten verletzt worden sind, hat das Recht, nach Maßgabe der in diesem Artikel vorgesehenen Bedingungen bei einem Gericht einen wirksamen Rechtsbehelf einzulegen.

Jede Person hat ein Recht darauf, dass ihre Sache von einem unabhängigen, unparteiischen und zuvor durch Gesetz errichteten Gericht in einem fairen Verfahren, öffentlich und innerhalb angemessener Frist, verhandelt wird. Jede Person kann sich beraten, verteidigen und vertreten lassen.

Personen, die nicht über ausreichende Mittel verfügen, wird Prozesskostenhilfe bewilligt, soweit diese Hilfe erforderlich ist, um den Zugang zu den Gerichten wirksam zu gewährleisten.

Artikel 48
Unschuldsvermutung und Verteidigungsrechte

(1) Jede angeklagte Person gilt bis zum rechtsförmlich erbrachten Beweis ihrer Schuld als unschuldig.

(2) Jeder angeklagten Person wird die Achtung der Verteidigungsrechte gewährleistet.

Artikel 49
Grundsätze der Gesetzmäßigkeit und der Verhältnismäßigkeit im Zusammenhang mit Straftaten und Strafen

(1) Niemand darf wegen einer Handlung oder Unterlassung verurteilt werden, die zur Zeit ihrer Begehung nach innerstaatlichem oder internationalem Recht nicht strafbar war. Es darf auch keine schwerere Strafe als die zur Zeit der Begehung angedrohte Strafe verhängt werden. Wird nach Begehung einer Straftat durch Gesetz eine mildere Strafe eingeführt, so ist diese zu verhängen.

(2) Dieser Artikel schließt nicht aus, dass eine Person wegen einer Handlung oder Unterlassung verurteilt oder bestraft wird, die zur Zeit ihrer Begehung nach den allgemeinen, von der Gesamtheit der Nationen anerkannten Grundsätzen strafbar war.

(3) Das Strafmaß darf gegenüber der Straftat nicht unverhältnismäßig sein.

Artikel 50
Recht, wegen derselben Straftat nicht zweimal strafrechtlich verfolgt oder bestraft zu werden

Niemand darf wegen einer Straftat, derentwegen er bereits in der Union nach dem Gesetz rechtskräftig verurteilt oder freigesprochen worden ist, in einem Strafverfahren erneut verfolgt oder bestraft werden.

KAPITEL VII
ALLGEMEINE BESTIMMUNGEN

Artikel 51
Anwendungsbereich
(1) Diese Charta gilt für die Organe und Einrichtungen der
Union unter Einhaltung des Subsidiaritätsprinzips und für
die Mitgliedstaaten ausschließlich bei der Durchführung des
Rechts der Union. Dementsprechend achten sie die Rechte,
halten sie sich an die Grundsätze und fördern sie deren Anwendung gemäß ihren jeweiligen Zuständigkeiten.
(2) Diese Charta begründet weder neue Zuständigkeiten noch
neue Aufgaben für die Gemeinschaft und für die Union, noch
ändert sie die in den Verträgen festgelegten Zuständigkeiten und Aufgaben.

Artikel 52
Tragweite der garantierten Rechte
(1) Jede Einschränkung der Ausübung der in dieser Charta anerkannten Rechte und Freiheiten muss gesetzlich vorgesehen sein und den Wesensgehalt dieser Rechte und Freiheiten
achten. Unter Wahrung des Grundsatzes der Verhältnismäßigkeit dürfen Einschränkungen nur vorgenommen werden,
wenn sie notwendig sind und den von der Union anerkannten,
dem Gemeinwohl dienenden Zielsetzungen oder den Erfor-
dernissen des Schutzes der Rechte und Freiheiten anderer
tatsächlich entsprechen.
(2) Die Ausübung der durch diese Charta anerkannten Rechte,
die in den Gemeinschaftsverträgen oder im Vertrag über die
Europäische Union begründet sind, erfolgt im Rahmen der
darin festgelegten Bedingungen und Grenzen.
(3) So weit diese Charta Rechte enthält, die den durch die Europäische Konvention zum Schutze der Menschenrechte und
Grundfreiheiten garantierten Rechten entsprechen, haben
sie die gleiche Bedeutung und Tragweite, wie sie ihnen in der
genannten Konvention verliehen wird. Diese Bestimmung

steht dem nicht entgegen, dass das Recht der Union einen weiter gehenden Schutz gewährt.

Artikel 53
Schutzniveau

Keine Bestimmung dieser Charta ist als eine Einschränkung oder Verletzung der Menschenrechte und Grundfreiheiten auszulegen, die in dem jeweiligen Anwendungsbereich durch das Recht der Union und das Völkerrecht sowie durch die internationalen Übereinkommen, bei denen die Union, die Gemeinschaft oder alle Mitgliedstaaten Vertragsparteien sind, darunter insbesondere die Europäische Konvention zum Schutze der Menschenrechte und Grundfreiheiten, sowie durch die Verfassungen der Mitgliedstaaten anerkannt werden.

Artikel 54
Verbot des Missbrauchs der Rechte

Keine Bestimmung dieser Charta ist so auszulegen, als begründe sie das Recht, eine Tätigkeit auszuüben oder eine Handlung vorzunehmen, die darauf abzielt, die in der Charta anerkannten Rechte und Freiheiten abzuschaffen oder sie stärker einzuschränken, als dies in der Charta vorgesehen ist.[99]

---

99 https://www.europarl.europa.eu/charter/pdf/text_de.pdf

Kapitel 20

Folter im Islam

Der Islam ist eine monotheistische Religion, die im frühen 7. Jahrhundert in Arabien durch den Mekkaner Mohammed gestiftet wurde. Mit über 2 Milliarden Angehörigen ist der Islam nach dem Christentum heute die Weltreligion mit der zweitgrößten Mitgliederzahl nach dem Christentum.[100] Die 5 Säulen des Islam sind das Glaubensbekenntnis, das Gebet, das Fasten, die Armensteuer und die große Wallfahrt nach Mekka. Das Ziel dieser Glaubensrichtung ist, die Menschen auf der Erde und im Jenseits zum Glück und zur inneren Ruhe zu führen.

Wunderbare Worte mit ehrbaren Absichten, die wohl kaum klarer auszudrücken sind. Gewalt, Hass und alles Böse scheinen deshalb für den an Mohammed Gläubigen völlig fremd zu sein. Klar und unmissverständlich finden sich im Koran mit 6:151-153 sowie 17:23-39 zwei Versionen der Zehn Gebote, die beide aus spätmekkanischer Zeit stammen und nach Medina „herabgesandt" worden sind. Bei allen Regeln und Geboten reicht ein Blick in die muslimische Welt, um zu erkennen, wie weit entfernt mittlerweile ein großer Teil der Muslime nach den geschriebenen Regeln lebt. Das Bild des ernsthaft und mit Inbrunst gläubigen Moslems ist heute völlig verschoben. Die Generation, die in den Eisengießereien und Kohlebergwerken ihre 8-10 Stunden lange Schicht leistete, ist unwiederbringlich vorbei. Eine neue Generation des moslemischen Glaubens hat sich entwickelt, die zum Teil weit weg ist von den ursprünglichen mohammedanischen Glaubensregeln. Heute ist es mit wenigen Worten problemlos möglich, Muslim zu werden. Lediglich zwei Sätze sind auszusprechen: „Das es nur einen Gott gibt und dass

---

100 World population 2022/Population clock live

der Prophet Mohammed der Gesandte Gottes ist." Eine einfache Formel, die jederzeit an jedem Ort aufgesagt werden kann – und schon ist ein neuer Muslim aufgenommen im Reich Allāhs! Das Wort Moslem unterscheidet sich vom Wort Muslim nicht viel. Muslim ist das Wort, mit dem der Koran die Anhänger des Islams beschreibt, und es bedeutet wörtlich: der sich Gott ergibt. Der Blick heute in die muslimische Welt zeigt uns ein ganz anderes Bild, weit entfernt von den fünf Säulen und den zehn Geboten.

Heute sind Drohungen und Folter in der muslimischen Glaubenswelt keine Seltenheit. Wenn Muslime vom Glauben abkommen, bleibt es oft nicht bei Drohungen. „Der Iraker und Ex-Muslim Amend Sherwan wurde vom eigenen Vater bei der Polizei angezeigt, gefoltert und mit dem Tod bedroht.[101]

„Religionsfreiheit heißt nicht nur, ich bin frei, eine Religion auszuüben, sondern es heißt auch, dass ich das Recht habe, mich von einer Religion zu befreien."

In der westlichen Welt wäre der Wunsch, eine Religionsgemeinschaft zu verlassen, ohne jeglichen Widerstand problemlos möglich. Religionsfreiheit heißt nicht nur, ich bin frei, eine Religion auszuüben, sondern es heißt auch, dass ich das Recht habe, mich von einer Religion zu befreien!

Diese Definition wird in der westlichen, demokratisch regierten Welt durchaus so gesehen und akzeptiert.

Und weil der, der den islamischen Glauben verlässt, als Verräter angesehen wird, gilt er als abtrünnig. Für diese Menschen sieht der Koran das Höllenfeuer vor. In Sure 16 heißt es: „Wer nicht mehr an Gott glaubt, nachdem er gläubig war, über den kommt Gottes Zorn. Und den erwartet Gottes Strafe."[102]

---

101 https://www.srf.ch/kultur/gesellschaft-religion/vom-glauben-abfallen-drohungen-und-folter-wenn-muslime-nicht-mehr-an-allah-glauben.

102 Der Begriff Sure bezeichnet die Kapitel des Korans, der Heiligen Schrift des Islam Quelle: https://de.wikipedia.org/wiki/Sureelle.

Ein Blick auf die Straßen und in die mit Muslimen bewohnten Gegenden im Lande liefert uns ein erschreckendes Bild. Hass, Hetze, Gewaltszenen sind in den Brennpunkten an der Tagesordnung. Es ist nicht die reine Überzeugung, dass Allah der wahre Gott ist, sondern hinter diesen Gewaltauswüchsen verbirgt sich eine andere Ursache. Soziale Unterschiede, die Herkunft der Familie, die Hautfarbe, Mensch zweiter Klasse zu sein, sprachliche Defizite. Die Social-Media-Kanäle bewirken zudem den Rest an maximal negativen Einflüssen. Es ist der Turbo zur Verbreitung von Hass und Gewalt! Und auch der Nobelmarken-Stern, als Alibi auf der Kühlerhaube, kann nicht täuschen, er kaschiert lediglich den Minderwertigkeitskomplex in der männerdominierten Welt.

Am Beispiel vom Iraker und Ex-Muslim Amend Sherwan zeigt sich die radikale Einstellung der heutigen Muslime. Als er wieder zur Flüchtlingshilfe geht, habe ein arabischer Mitarbeiter ihn als „Ungläubigen" beschimpft. Und gedroht: „Ich schneide dir den Kopf ab und nehme ihn mit nach Jemen!"[103]

Und die deutsche Regierung leistet durch ihre Politik der Radikalisierung Vorschub!

Der junge Iraker gibt aber die Hoffnung nicht auf und tritt bei islamkritischen Veranstaltungen als Redner auf: Seine Hoffnung:

„Eines Tages muss es einfach normal sein, wenn sich jemand Ex-Muslim nennt."[104]

Angesichts der Berichte über die Folter in Abu-Ghuraib oder auch den Foltermord im Jugendgefängnis Siegburg fragt man sich, wie Menschen zu solchen menschenverachtenden Taten fähig sein können. Hängt die Bereitschaft zur Folter unter Umständen damit zusammen, dass die menschlichen Täter sie wie ihre Opfer betrachten?

---

103 http://exmuslime.com/elektroschocks_und_morddrohungen.
104 https://www.srf.ch/kultur/gesellschaft-religion/gesellschaft-religion-ich-hoffe-dass-sich-eine-islamische-reformation-entwickelt.

In bisherigen Studien wurde die Entmenschlichung Außenstehender mit unterschiedlichen negativen Folgen in Verbindung gesetzt. So führt Entmenschlichung dem aktuellen Forschungsstand zufolge beispielsweise zu einer geringeren Bereitschaft zur Vergebung.

Ein Forschungsteam um Tendayi Viki untersuchte nun, inwiefern die Entmenschlichung von Muslimen einen Einfluss auf die Bereitschaft christlicher Personen hat, muslimische Gefangene zu foltern. An der Studie nahmen 68 christliche Personen teil, die zufällig einer von zwei Versuchsgruppen zugewiesen wurden. Beide Gruppen bekamen zu Beginn der Studie einen Text über die muslimische Kultur vorgelegt, bei dem sich lediglich der letzte Abschnitt für die Gruppen unterschied. In dem Text der Gruppe, die Muslime entmenschlichen sollte, wurden Wörter wie „unemotional" und „entspannt" anstelle von Wörtern wie „Leidenschaft" und „strebsam" verwendet. Letztere Wörter sind – im Gegensatz zu Ersteren – laut den Forschenden stark mit der Einzigartigkeit der menschlichen Natur verbunden. Anschließend wurden die Teilnehmenden mit vier Bildern von Folterszenen im Gefängnis von Abu Ghuraib konfrontiert und gebeten, sich in die Situation der SoldatInnen zu versetzen. Um zu erfassen, inwiefern die Teilnehmenden unter entsprechenden Bedingungen ebenfalls zu Folterhandlungen neigen würden, wurden sie beispielsweise gefragt, ob sie sich ebenso verhalten hätten und ob sie die Kontrolle in der Situation genossen hätten.

Die Ergebnisse zeigen, dass Teilnehmende, die weniger menschliche Beschreibungen gelesen hatten, aus einer Liste von Wörtern auch weniger „menschliche" Wörter auswählten, um Muslime zu beschreiben. Tatsächlich wiesen diese Personen eine höhere Neigung zur Folter in den Szenarien auf. Zudem zeigte sich, dass diese größere Folterbereitschaft durch die „Entmenschlichung" der Muslime durch die Teilnehmenden erklärt wurde.

In einer zweiten Studie wurde zusätzlich die wahrgenommene Bedrohung durch Muslime und deren Zusammenhang mit der Folterbereitschaft untersucht. Es zeigte sich, dass der Zusammenhang zwischen der Entmenschlichung von Muslimen und der Bereitschaft, sie zu foltern größer ist, wenn Muslime als Bedrohung wahrgenommen werden. Bei Personen, die angaben, keine Bedrohung durch Muslime wahrzunehmen, war die Neigung zu foltern hingegen, unabhängig von der Zuschreibung menschlicher Eigenschaften, gering.

Auch wenn Entmenschlichung entsprechend den Ergebnissen ein möglicher Mechanismus ist, der die Hemmschwelle zu foltern, insbesondere bei wahrgenommener Bedrohung, senken kann, sollte jedoch jedem bewusst sein, dass die Entmenschlichung einer Person allein noch längst nicht zu Folter führt.[105]

---

105 Viki G., Osgood D., & Phillips, S. (2013). Dehumanization and self-reported proclivity to torture prisoners of war. Journal of Experimental Social Psychology, 49, 325-328.

Schlussbetrachtung

Auch heute sind noch Menschen wegen des Vorwurfs der Hexerei in Lebensgefahr. In über 40 Ländern wie in Teilen Afrikas, Südamerikas und Asiens werden Personen, denen Hexerei nachgesagt wird, hemmungslos verfolgt und ermordet. Damals wie heute suchen Menschen nach Sündenböcken für Missstände oder Katastrophen, soziale Veränderungen, Landflucht durch Urbanisierung, Misserfolge in der Landwirtschaft oder Epidemien. Deshalb ist auch der Glaube an Hexen und die Angst vor ihnen mit dem Ende der Hexenprozesse in Europa keineswegs völlig verschwunden. Noch immer finden, auch in westlichen Gesellschaften, Ideen und Konzepte, die Anleihen bei altem Hexenglauben nehmen, ihre Anhänger. Hexenverfolgung ist auch im 21. Jahrhundert ein real existierendes Phänomen. Im polnischen Osten, unweit der weißrussischen Grenze, leben sogenannte Flüsterhexen. Es sind Heilerinnen, die sich über regen Zulauf freuen können.

Die IS enthauptet Frauen wegen Hexerei und hat in Syrien mehrere Männer geköpft, darunter auch Entwicklungshelfer und Journalisten aus dem Ausland.

Traditionelle Heiler haben auf der Insel Sansibar Hochkonjunktur. Die sogenannten „Mgangas" verwenden bei ihrer Behandlung Kräuter, Massagen und heilige Schriften. Ihre Patienten suchen vor allem Schutz vor bösen Geistern.

In Venezuela heilen Hexen, weil Medikamente knapp und Arztrechnungen kaum mehr bezahlbar sind. In der „Hexenallee" in Petare wird dagegen mit simplen Mitteln behandelt – mit Handauflegen, Diät und Ritualen.

In autokratisch regierten Ländern sind heute nur wenige Indizien ausreichend, um einen beschuldigten Menschen zu foltern oder ihn lebenslang hinter Gitter zu bringen. Dagegen reichen der westlichen, demokratisch geprägten Welt offensichtlich handfesteste Beweise nicht aus. Gräueltaten, Mord und Folter werden uns nahezu unverschlüsselt, seit Jahrzehnten, täglich bis ins Wohnzimmer geliefert. Sie werden von den höchsten Stellen in den jeweiligen Ländern nicht nur toleriert, sondern offensichtlich angeordnet.

Jetzt ist die Zeit gekommen, den Arztroman auf dem Nachtkästchen auszutauschen gegen den realen Blick in die Welt. Aus dem Blickwinkel des Bürgers aus dem Mehrfamilienhaus um die Ecke, der es aus der Distanz nüchtern und unverschlüsselt sieht. Intellektuelle, bis ins Philosophische abdriftende Vorträge sind aus allen politischen Ecken zu hören. Lösungsvorschläge und konsequente Umsetzung sind jedoch selten erkennbar, vielmehr wird die Hilflosigkeit unseres politischen Etablissements in der westlichen Welt immer häufiger aufgedeckt. Wirtschaftliche, politische und militärische Details werden noch in der gleichen Stunde über den Äther posaunt. Staatsgeheimnisse sind heute ein offenes Buch und liefern den Despoten dieser Welt Detailinformation in noch nie da gewesener Fülle. Die Welt im Osten ist verschwommen, geheimnisvoll und mystisch, der Westen hingegen ist durchsichtig und klar wie eine Industrieglasscheibe.

Dieses Bauchgefühl der vielen westlichen Weltenbürger trügt nicht. Da ist der Mensch dem Tier ganz nahe. Die Tiere spüren es schon lange im Voraus, wenn ein Unheil droht, wenn sich ein Erdbeben ankündigt oder sich nur ein Unwetter zusammenbraut. Die Sinne trügen nicht!

Erst wenn die demokratischen Führer unserer Welt eine Folter nach neuesten Methoden am eigenen Leib erfahren würden, erst dann wird wohl eine angemessene Reaktion gefällt werden. Wenn der geplagte Bürger aus seiner engen 3-Zimmer-Stadtwohnung am Wochenende hinaus in seinen Schrebergarten flieht und am Abend in den nächtlichen Sternenhimmel blickt, hofft er nichts sehnlicher, als dass keine Hexen auf ihren Besen über sein kleines Paradies hinwegfegen.

Inhaltsverzeichnis

EIN HERZ FÜR AUTOREN A HEART FOR AUTHORS À L'ÉCOUTE DES AUTEURS MIA KAPΔIA ΓIA ΣYΓΓP
HJÄRTA FÖR FÖRFATTARE UN CORAZÓN POR LOS AUTORES YAZARLARIMIZA GÖNÜL VERELIM SZÍ
CUORE PER AUTORI ET HJERTE FOR FORFATTERE EEN HART VOOR SCHRIJVERS TEMOS OS AUTC
HERZÖINKÉRT SERCE DLA AUTORÓW EIN HERZ FÜR AUTOREN A HEART FOR AUTHORS À L'ÉCOU
CORAÇÃO BCEЙ ДУШОЙ K ABTOPAM ETT HJÄRTA FÖR FÖRFATTARE Á LA ESCUCHA DE LOS AUTOI
AUTEURS MIA KAPΔIA ΓIA ΣYΓΓPAΦEIΣ UN CUORE PER AUTORI ET HJERTE FOR FORFATTERE EEN I
YAZARLARIMIZA GÖNÜL VERELIM SZÍ HERZÖINKÉRT SERCE DLA AUTORÓW EIN HERZ FÜF
VOOR SCHRIJVERS TEMOS OS AUTORES CORAÇÃO BCEЙ ДУШОЙ K ABTOPAM ETT HJÄRTA FÖI

Der Autor

Der Autor, 1956 in Kamen (Nordrhein-Westfalen)
geboren, arbeitete nach der Fachhochschulreife
von 1997 bis 2022 als Medizin-Produktberater
beim Weltmarktführer für Medizinprodukte.
Zwischenzeitlich absolvierte er an der Otto-Fried-
rich-Universität Bamberg ein Studium der Kunst-
geschichte und europäische Ethnologie, sowie den
Masterstudiengang Denkmalwissenschaft. Sein
in unserem Hause vorliegendes Buch „Walpurgisnacht im Kreml" ist seine erste Veröffentlichung.

novum ▲ VERLAG FÜR NEUAUTOREN

Der Verlag

„ *Wer aufhört
besser zu werden,
hat aufgehört
gut zu sein!*

Basierend auf diesem Motto ist es dem novum Verlag
ein Anliegen, neue Manuskripte aufzuspüren, zu ver-
öffentlichen und deren Autoren langfristig zu fördern.
Mittlerweile gilt der 1997 gegründete und mehrfach
prämierte Verlag als Spezialist für Neuautoren in
Deutschland, Österreich und der Schweiz.

**Für jedes neue Manuskript wird innerhalb we-
niger Wochen eine kostenfreie, unverbindliche
Lektorats-Prüfung erstellt.**

Weitere Informationen zum Verlag und
seinen Büchern finden Sie im Internet unter:

w w w . n o v u m v e r l a g . c o m

novum ✒ VERLAG FÜR NEUAUTOREN

Bewerten
Sie dieses Buch
auf unserer
Homepage!

www.novumverlag.com